東京のワクワクする大学博物館めぐり

大坪覚

TWO VIRGINS

はじめに

いま、大学博物館がますます面白くなってきた。２００９年に『ＴＯＫＹＯ大学博物館ガイド』を制作して以来、いろいろな大学博物館を見に行った。10年以上続けて見ていると、時代とともに大学博物館も変わってきたことを実感している。新しく収蔵された資料や、研究が進んで新たな発見があった資料などを反映した展示空間が、さらにバージョンアップされてきたと思う。

大学博物館はいまも無料で見学できるところがほとんどなので、趣味としては最高だ。キャンパスの中にある博物館を見に行くことは、非日常的な感覚があって、何となく自分も学びたいという気分になる。大学博物館を訪れることからつながって、好きなジャンルを追いかけたり、新しい知識との出会いがあるので、いろいろな楽しみ方が存在している。

本書では大学博物館という枠組みを広く拡大して、「大学や専門学校などにゆかりのある、一般の方が見に行くことができる展示施設」として紹介させていただいた。2009年後に、新しく開館した大学博物館も多く、それぞれ独自のコンセプトで活動されている。これからどのような博物館になっていくだろうかと考えると、本当にワクワクする。

CONTENTS

もくじ

東京のワクワクす

理 文 JP Tower Museum Intermediatheque 001

JPタワー学術文化総合ミュージアム インターメディアテク

雰囲気最高の空間で 楽しみながら深く学ぶ

東京大学が明治10（１８７７）年の開学以来蓄積してきた、世界中から集められた学術標本を常設展示するミュージアムとして２０１３年に開館。日本郵便株式会社と東京大学総合研究博物館が協働で運営しており、ノスタルジックな展示空間は旧東京中央郵便局舎を活用したもので重厚な感触の木製什器の中で標本たちが独自の輝きを見せている。博物館と美術館が複合されたような不思議な魅力に一度出会うと何度も足を運びたくなる。

展示は骨格標本と剥製標本が多いので、自然科学分野のミュージアムという印象があるが、展示空間の構成は正にアートであり、旧郵便局舎は昭和初期を代表するモダニズム建築なので施設の細部を見ていくのも楽しい。展示されている標本をじっくりと見ていくと、その背景から近代の日本と世界の文化や歴史を多様な角度から感じることができるので「総合ミュージアム」という新しいジャンルが腑に落ちる。

著名な展示標本として財団法人山階鳥類研究所の所蔵で皇室への献上品も含む本剥製標本、マチカネワニの交連標本、最も体重が重いとされる絶滅鳥エピオルニスの骨格標本、有名な絶滅種モアの巨大卵殻などがある。以前東京大学総合研究博物館小石川分館で展示されていて被写体として人気を集めていた大型の地球儀が現在この地で展示中で、かつて東大がベルギー政府に製作を依頼し１９３７年という複雑な時代に届いたこの巨大地球儀にも独自の物語があり、これもインターメディアテクの象徴のひとつである。

医学部講堂の階段教室を再現したコーナーや欧州の貴族の書

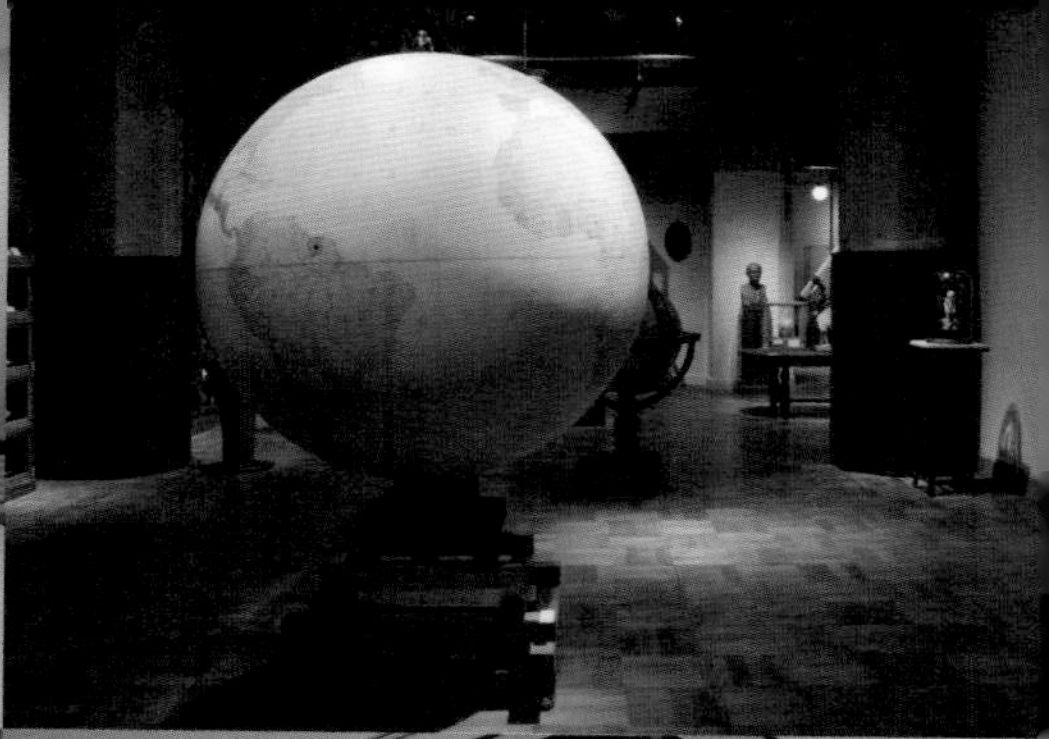

斎のように洋書（歴史的な医学論文集）がずらりと並んだ書棚も映えているが、アジア美術の蒐集家として知られるエミール・ギメゆかりの古展示ケースそのものが見どころとなる『驚異の小部屋』は迫力がある。かつて東アジアの文物を展示するために特注されたケースが海を渡り、東京の地で新たに活用されているのが素晴らしい。

有名な画家が手掛けた教授の肖像画がさりげなく展示され、什器から飛び出して壁面でひょいと顔を出しているミズオオトカゲなど思いがけない楽しみ方もできる。所蔵されている標本から導かれた最新の研究成果を紹介する企画展示も開催されて、さらに常設展示が少しずつ変化しているので、訪れるたびに新しい出会いがあるのだ。

JPタワー学術文化総合ミュージアム インターメディアテク

住所：東京都千代田区丸の内2-7-2 KITTE2・3階
電話：050-5541-8600（国内専用ハローダイヤル）
開館時間：11:00-18:00（金・土は20：00まで開館）＊時間は変更する場合があります
休館日：月曜（月曜が祝日の場合は翌日休館）、年末年始、その他館が定める日
入館料：無料
HP：http://www.intermediatheque.jp
アクセス：JR東京駅丸の内南口から徒歩1分、千代田線二重橋前駅（4番出口）より徒歩約2分

日本大学生物資源科学部博物館 骨の博物館

全ての世代が夢中になる迫力ある骨格標本の殿堂

「骨の博物館」という名にふさわしい「骨の多様性と進化」を博物館のテーマとしている。２０１９年にリニューアルされてから展示スペースが大きく増え、陸と海と空というジャンルで数々の骨格標本を展示。骨格標本のほとんどはケースに入れない展示手法なので、質感がリアルに伝わる。ウシやウマ、ブタなどの家畜とシロサイやライオン、クロミンクジラやイシイルカといった骨格標本は迫力満点。ホワイトタイガーやシロテテナガザルは剥製と骨格標本が並んで展示され、生命の神秘が伝わってくるようだ。

新江ノ島水族館の人気者で、２００５年に亡くなったミナミゾウアザラシの「みなぞうくん」の骨格標本と頭部の剥製もここにあり、この博物館が地域と繋がっているのがよくわかる。

近年人気上昇中なのは魚類な

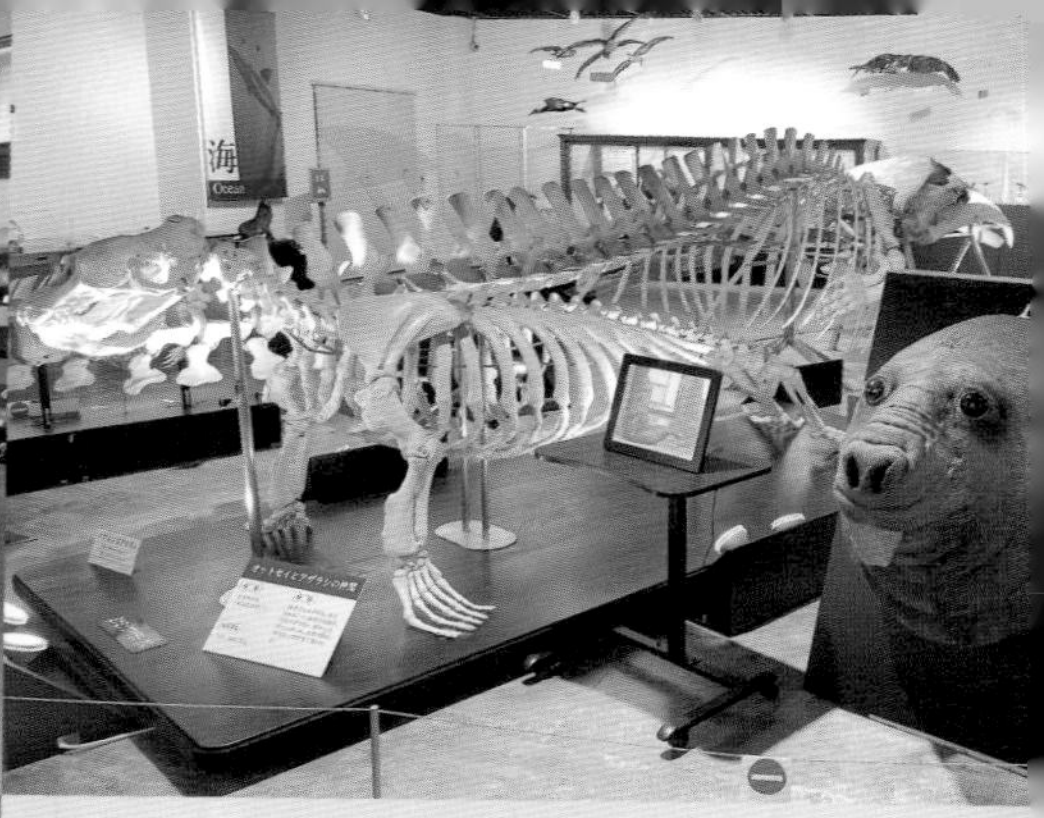

日本大学生物資源科学部博物館
骨の博物館

住所：神奈川県藤沢市亀井野1866
電話：0466-84-3892
開館時間：月曜～金曜　10：00～16：00（最終入館15：30）
休館日：土曜・日曜・祝日・その他大学の休日
入館料：無料（要事前予約）
HP：https://hp.brs.nihon-u.ac.jp/~NUBSmuseum/index.html
アクセス：小田急江ノ島線　六会日大前駅より徒歩3分

どの骨格を特殊な方法で彩色した透明標本のコーナー。生きたままと同じ状態の骨格を観察できる標本で、透明な体に赤と青の骨が浮かび上がる姿はまさにアートのようで、吸い込まれるような美しさがある。自然界の美の象徴である昆虫コーナーのモルフォチョウや、稲作や森林資源に関する展示も見逃せない。

東京海洋大学
マリンサイエンスミューアジム

海を身近に感じるために貴重な標本がここに集まる

東京海洋大学品川キャンパスの名物であるミュージアム、鯨ギャラリー、雲鷹丸は今日も多くの見学者が訪れている。

２０１６年に耐震と増築工事を行い、新たな名でオープンした本館に入るとホールでタカアシガニの標本とマッコウクジラの下顎の骨が出迎えてくれ、子供たちの歓声が聞こえてくる。統合前の「東京水産大学」のプレートの展示は母校を懐かしむ卒業生に喜ばれている。１９０２年に水産講習所の越中島校舎で標本室が誕生したのがこの博物館のルーツで、今では入手困難な貴重な標本が多い。南極とガラパゴス諸島のコーナーには練習船の海鷹丸航海で採集されたウミイグアナやペンギンなどの剥製があり、さらにウミガメや魚類、海鳥や甲殻類、鯨やラッコ、貝類の標本や剥製は不動の人気だが、食に危機感ある時代

東京海洋大学
マリンサイエンスミューアジム

住所：東京都港区港南4-5-7　東京海洋大学　品川キャンパス内
電話：03-5463-0430
開館時間：10−16時
休館日：土日祝、年末年始、臨時休館あり
入館料：無料
HP：https://www.s.kaiyodai.ac.jp/museum/public_html/
アクセス：
JR線・京浜急行線「品川駅」港南口（東口）より徒歩約10分
東京モノレール「天王洲アイル駅」より徒歩約20分
りんかい線「天王洲アイル駅」より徒歩約25分

を反映して漁業や養殖、日本の缶詰の歴史といった食にまつわる展示もよく見られている。17mという世界最大級のセミクジラを展示した鯨ギャラリーは迫力満点。キャンパスのシンボルである、明治42年から二代目練習船として活躍した雲鷹丸の雄姿の展示もぜひ見ておきたい。

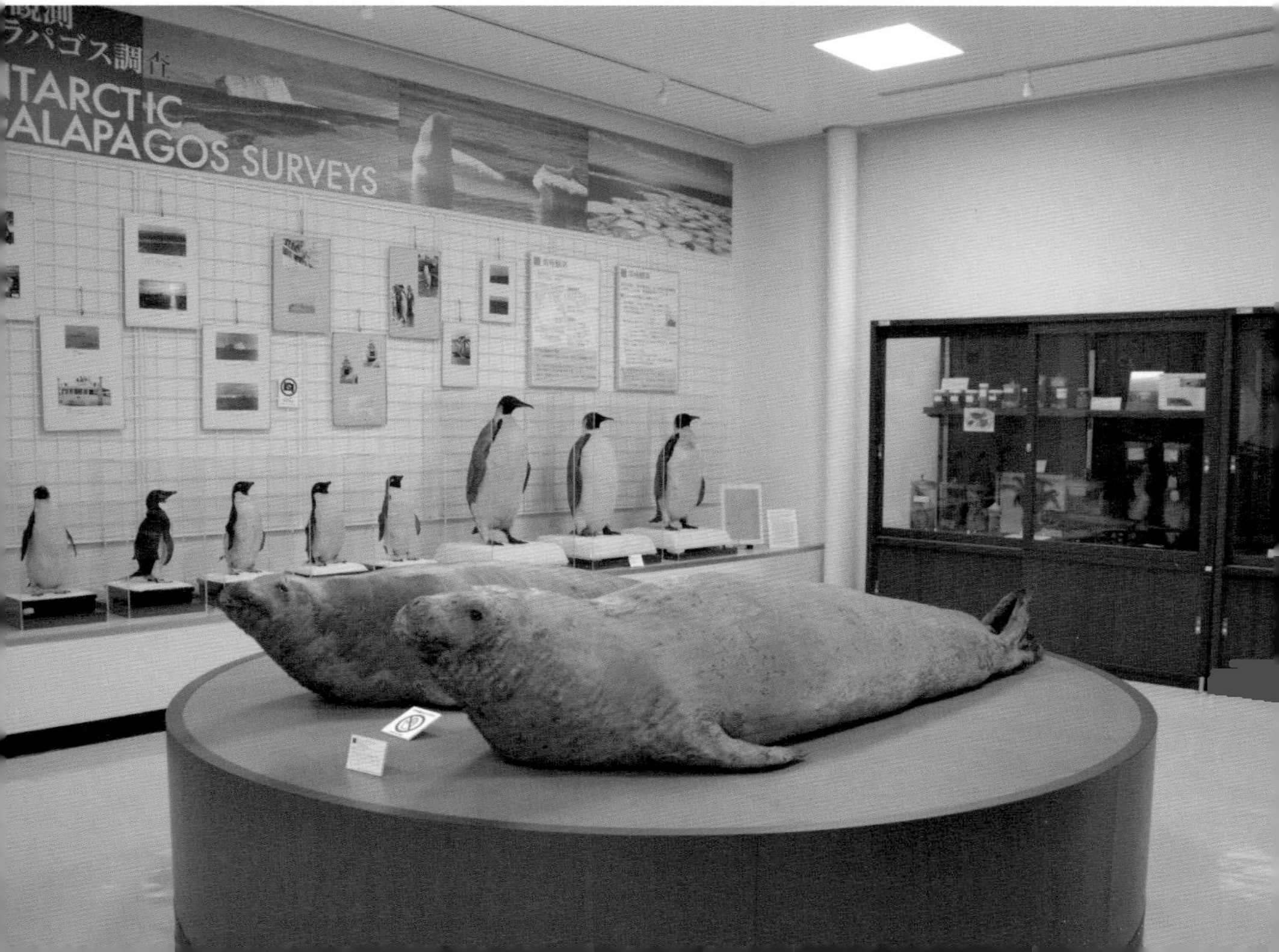

東京農業大学「食と農」の博物館

開放的な明るい展示から興味が次々と湧いてくる

見どころ満載の「食と農」の博物館の源流は「日本の博物館の父」と称される田中芳男（東京農大の前身校の東京高等農学校初代校長）が１９０４年に設置した標本室。１８６７年のパリ万博に自ら採集した昆虫標本を出品した田中の仕事は多岐にわたり、館内で展示されている「有用植物図説」や標本室の記録写真からもその一端がうかがえる。

東京農大の礎を築いた榎本武揚、横井時敬とともにもっと知りたい偉人だ。常設展示では卒業生の蔵元を紹介する酒瓶オブジェや鶏の学術標本、古農具の歴史や機能をイメージするため再現された村の古民家などに加えてリン鉱石コレクションが興味深い。リンは食に深い関わりのある肥料だが日本は輸入に依存しているため、安定供給を目的として研究された足跡を現代の情勢と絡めて紹介している。

毎回話題を呼ぶ充実した企画展もぜひ見に行きたい。

また（一財）進化生物学研究所が運営する「生きもの空間」バイオリウムも人気が高い。マダガスカルの固有種のレムールの愛嬌ある表情やケヅメリクガメの風格、世界各地の植物が一体となった空間はここでしか見られない貴重な体験となる。

東京農業大学「食と農」の博物館

住所：東京都世田谷区上用賀2-4-28
電話：03-5477-4033
開館時間：9:30〜16:30
休館日：日曜日，月曜日，祝日，大学が定めた日［予約不要］
入館料：無料
HP：https://www.nodai.ac.jp/campus/facilities/syokutonou/
アクセス：
小田急線「経堂駅」または「千歳船橋駅」から徒歩20分
東急田園都市線「用賀駅」より徒歩20分
「渋谷駅」西口バスターミナルより約30分

日本工業大学工業技術博物館

多くの人々に支えられて動態保存される貴重な機械

キャンパスの中に蒸気機関車が動態保存されていることで知られる博物館。１８９１年英国で製造され日本に輸入された２１００形の２１０９号機は今もスタッフによるメンテナンスが施され、HPで告知される有火運転の際は全国からファンがやってくる。蒸気機関車展示館には保存・修復に関する詳しい情報があるのでぜひ見てほしい。

本館では日本の産業発展に貢献した「機械をつくる機械」と呼ばれる工作機械約２７０台を中心に４００点以上の工業製品を展示。特に巨大なガスタービンの存在感は圧倒的で、上から眺められるので、その迫力に息を呑む。約7割の工作機械が動態保存されていて、その展示場からのオイルの匂いとともに日々のメンテナンスの様子が伝わってくる。実際に使われていた機械による東京の町工場の再現も

見どころだ。収集資料１７８点は国の登録有形文化財に指定されるなど貴重な資料として認定されているものが多い。近年には１９１９年製の箱根登山鉄道電車が屋外展示に加わった。より理解が深まる特別展など、毎年、新情報の発信もあり、長く通いたい大学博物館だ。

日本工業大学工業技術博物館

住所：埼玉県南埼玉郡宮代町学園台4-1　電話：0480-33-7545
開館時間：9:30〜16:30（入館は16:00まで）　休館日：日曜・祝日、8月中旬〜下旬、年末年始、大学入試日　展示の都合により臨時休館することがあります。　入館料：無料　HP：https://museum.nit.ac.jp/
アクセス：電車の場合　東武スカイツリーライン（伊勢崎線）・日光線、東京メトロ日比谷線・半蔵門線直通　東武動物公園駅下車　東武動物公園駅西口より、スクールバス乗車5分、徒歩14分　JR宇都宮線（東北本線）・湘南新宿ライン　新白岡駅下車　新白岡駅東口よりスクールバス乗車12分
車の場合　東北自動車道「久喜インター」「蓮田スマートIC（下り側）」より約15分 首都圏中央連絡自動車道（圏央道）「幸手IC」より約15分

東京理科大学 近代科学資料館 数学体験館

理科大の歩みを知り 科学の発展を学ぶ

東京理科大学近代科学資料館

住所：東京都新宿区神楽坂1−3 東京理科大学近代科学資料館　電話：03−5228−8224（開館時間のみ）　開館時間：水・木・金12:00〜16:00　土10:00〜16:00　休館日：日・月・火・祝日及び大学の休業日　入館料：無料　HP：https://www.tus.ac.jp/info/setubi/museum/index.html　アクセス：JR総武線「飯田橋」西口より徒歩4分　地下鉄「飯田橋」B3出口より徒歩3分

東京理科大学数学体験館

住所：東京都新宿区神楽坂1−3 東京理科大学近代科学資料館　地下１階　電話：03-5228-7411　HP：https://www.tus.ac.jp/mse/taikenkan/　開館時間、休館日、入館料、アクセスは近代科学資料館と同じ

近代科学資料館は２０２０年のリニューアルから大学史と科学史の紹介に力を入れている。１８８１年、東京大学理学部で物理学を仏語で学んだ21人の20代の青年たちによって東京物理学校が誕生。大学史を紹介する展示はスクールカラーであるエンジ色のトーンを活かし、物語のように心に響く。有名な屋井乾電池や理学教育関連資料、そして近代科学の進展を俯瞰した科学史年表を真剣に見る人が多い。

２０２２年にはノーベル生理学・医学賞を受賞した大村智博士の業績を顕彰する「大村智記念展示室」を開室。東京理科大大学院で本格的な研究を開始した大村博士の研究をわかりやすく解説する。

地下にある数学体験館は幅広い世代に算数・数学の面白さを楽しく伝える施設。大人になっても臆せず学びたい。

東京理科大学 なるほど科学体験館

貴重なモノを見に行って 不思議な教具に夢中になる

東京理科大学なるほど科学体験館

住所：千葉県野田市山崎2641　東京理科大学 野田キャンパス　電話：04-7122-9651
開館時間：12:30～16:30　休館日：日・月・火・祝日及び大学の休業日　入館料：無料
HP：https://www.tus.ac.jp/info/setubi/naruhodo/index.html
アクセス：東武野田線（東武アーバンパークライン）「運河駅」西口より徒歩5分

江戸川と利根川を結ぶ利根運河のそばの自然豊かな野田キャンパスで２０１９年開館。神楽坂の資料館で展示され、メディアにたびたび登場した微分解析機は現在こちらにあり、その存在感は健在。有名な計算機コレクションや熱烈なファンがいた多面体模型もここに引越して訪問者を待っている。魅力あるモノが多く、運用が終わったスーパーコンピュータ「京」のシステムボードとＣＰＵや１９５４年に後藤英一が発明したトランジスタ以前のコンピュータ素子のパラメトロン素子がここで気軽に見られることに驚く。パラメトロンを用いた日本独自の計算機ＦＡＣＯＭ２０１は９号館入口で展示中。科学の面白さが体験できる一見オモチャのようだが実は凄い、多様な数学教具は子供だけでなく大人も実験してみたい。

理 文

Tokyo Institute of Technology 008

東京工業大学博物館

名建築の特別な空間の中で
研究者の偉大な業績を知る

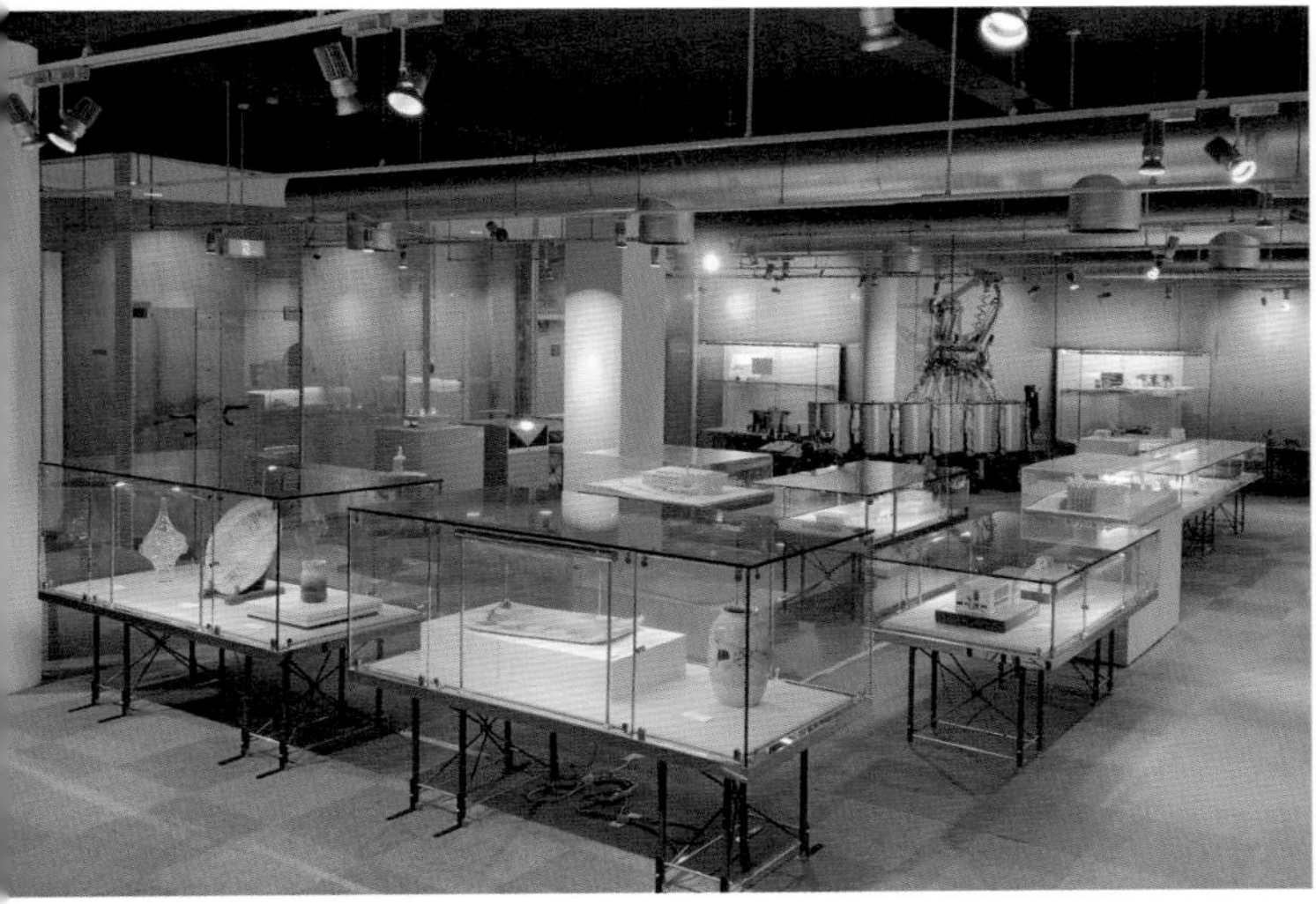

大学博物館には名建築が幾つも存在するがこの博物館は中でも屈指の存在。東工大で30年以上にわたり多くの学生を指導し、建築家として数々の革新的な住宅作品を送り出した篠原一男が設計し1987年に完成した百年記念館は斬新な外観と機能美で世界的に知られ、博物館はその館内で活動している。最上階のシルバー色・半円柱のシリンダー部分に象徴される独特の未来感は21世紀でも健在で、見る人に衝撃を与える。この建築物が博物館として一般公開されているおかげで誰もが館内に入りその雰囲気を味わいながら多くのことが学べる。

2階と地下の常設展示はそれぞれコンパクトにまとめられていて見学者との距離感が近くとてもスタイリッシュだ。2階の大学史の展示室では1881年

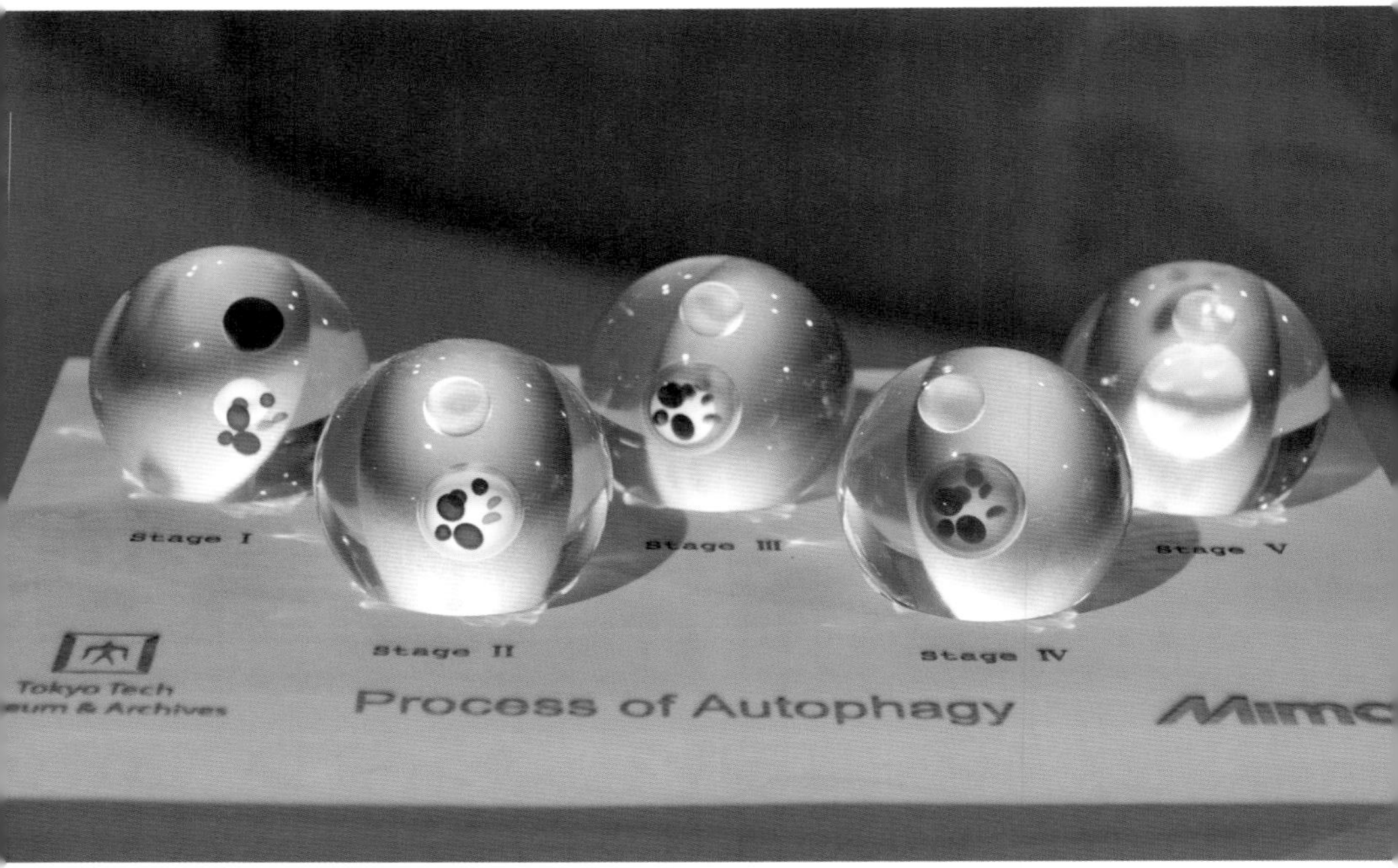

に東京職工学校として設立され、1929年に東京工業大学に昇格し現在に至るまでの沿革を紹介。さらに篠原一男の建築模型を紹介する展示室と電波通信から光通信への通信の先端研究史の展示室がある。これらを導入部とし地下展示室に向かうと民藝運動で名高い東工大の卒業生の濱田庄司、芹沢銈介、島岡達三という三人の人間国宝と河井寛次郎の作品が目を引く。これも前身校の窯業科と工業図案科の成果である。

東工大の三大発明と呼ばれているのが高安定な水晶振動子（2階展示）、フェライト、ビタミンB2の合成でそれぞれ現存する貴重な資料を活用して展示紹介。特にフェライトは世界を変えた先端材料だが、ひと目見ただけでは地味でその重要性は理解できないかもしれない。だが専門的な知識をどのように伝えるかを考慮した展示構成はその場で解説を読むことより、まずモノを見ることにシフトしていて、見た人が自分のスマホを利用してさらに調べたくなるような展開へと誘導するので、加藤與五郎と武井武によるフェライトの研究史を知るともう一度見たいと強く思うだろう。

ノーベル賞を受賞した白川英樹の導電性プラスチックの研究の紹介や大隅良典のオートファジー研究を分かりやすくみせるユニークな模型と並び、ロボットに関する展示の中では目立たないが6足歩行の実験模型GAWALKに注目したい。森政弘が1968年に当時の教え子の東大生と開発した制御工学の成果でありこのロボットが福祉工学や通称ロボコンの開催へと繋がるように、先端科学の研究は幅広い分野に波及効果があることをこの場所は教えてくれる。

東京工業大学博物館

住所：東京都目黒区大岡山2-12-1
電話：03-5734-3340
開館時間：10:30-16:30
休館日：土曜、日曜、祝日、年末年始等
入館料：無料
HP：http://www.cent.titech.ac.jp/
アクセス：東急目黒線・大井町線大岡山駅下車徒歩1分

東京農工大学科学博物館

豊富なコレクションから
繊維産業発達の歴史を知る

科学博物館には明治から現代にかけて、日本と世界の繊維産業を支えた貴重な製糸・紡績・織機・編機の大型機械が展示されている。ずらりと並んだ機械は、博物館支援団体の繊維技術研究会のメンバーによってメンテナンスされている。イベントの時などには、それらの機械が実際に動いている迫力ある姿を見ることができる。

明治初期、生糸が最も重要な輸出品であったことから、政府の蚕糸業育成の方針をうけ、1886年に蚕病試験場が設立された。これが東京農工大学工学部の前身であり、その歴史から展示室には数多くの繊維関連資料がある。歴史の重みを感じさせる繭標本や蚕模型、数々のアンティークミシンが人気を集めている。

組紐を作るための組み台や、華麗な組紐コレクションも数多

東京農工大学科学博物館

住所：東京都小金井市中町2-24-16
電話：042-388-7163
開館時間：10：00-17：00（入館は16：00まで）
休館日：日曜日・月曜日・祝日・大学創立記念日（5月31日）ほかに夏季・年末年始・入試等に伴う休館あり
入館料：無料
HP：https://www.tuat-museum.org/
アクセス：
JR中央線「東小金井駅」nonowa口より徒歩約7分

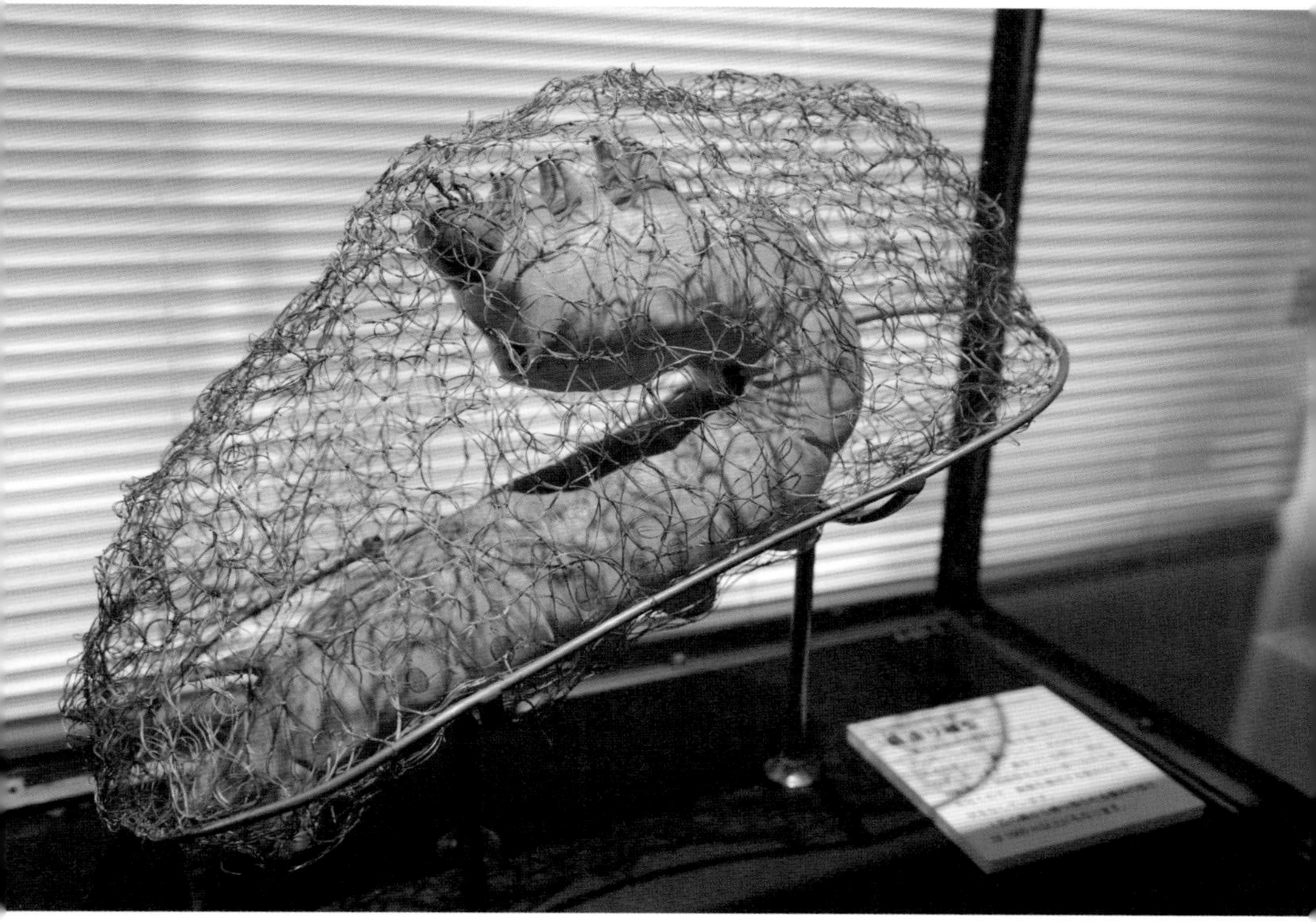

く展示されている。１階では組紐を工業的に生産するための機械を実際に操作することもできる。組み上がった紐は伝統と工業をまたぐ奥深さを感じられるだろう。東京農工大学の最先端の研究成果は企画展や教育研究展示室で紹介されていて、幅広い世代の多くの人が訪れている。

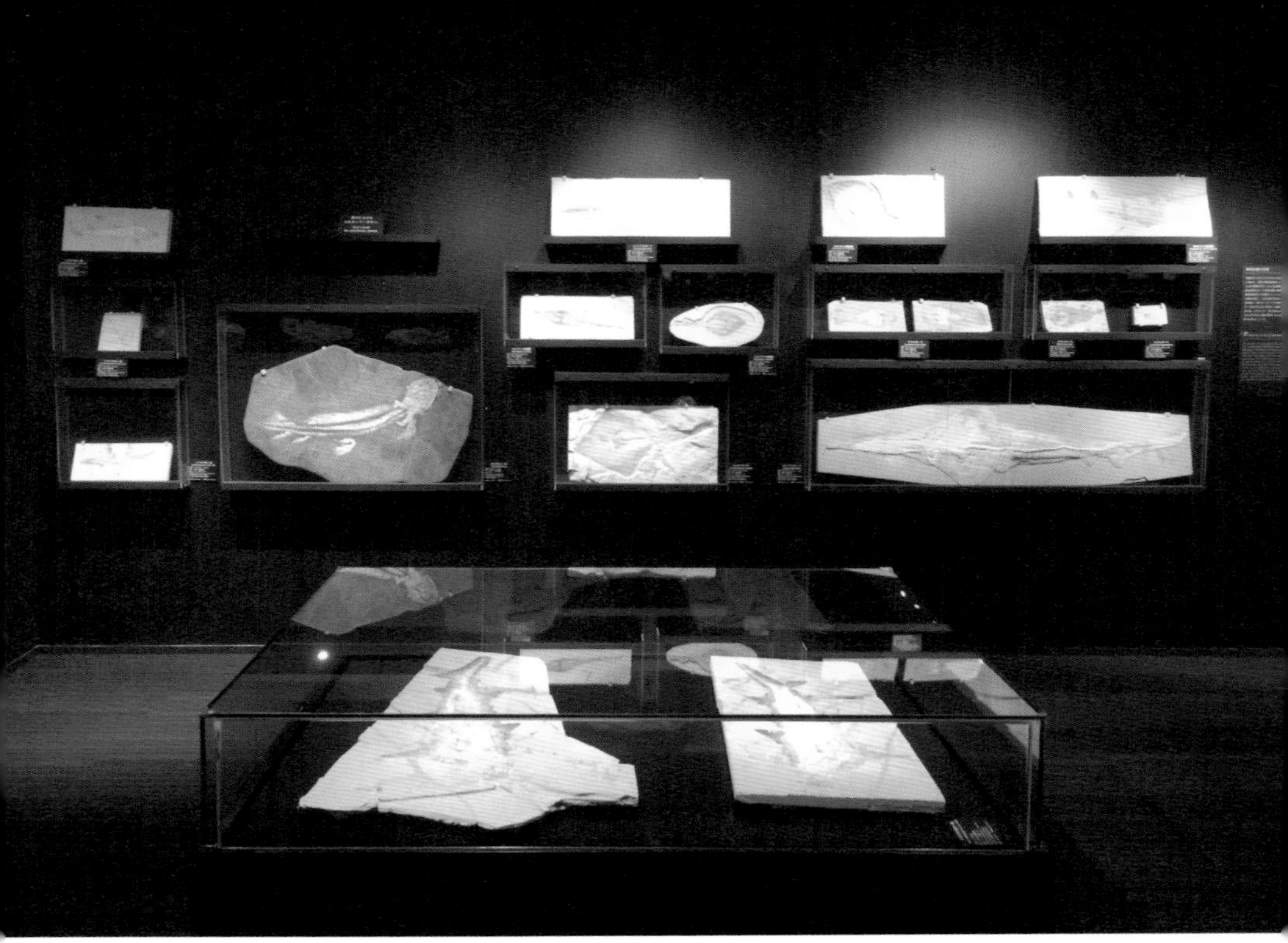

城西大学水田記念博物館 大石化石ギャラリー

地球の歴史を物語るアートのような化石たち

千代田区の中心地に地球の壮大な歴史を感じることができる稀有な空間が存在する。日本を代表する分子生物学者である大石道夫東京大学名誉教授の魚類化石コレクションを展示公開するため学校法人城西大学が設立し、地球生命や自然科学を子どもから大人まで楽しみながら学ぶ入口となっており、コンパクトな施設だが見どころが実に多い。

展示されているのは約1億年前の白亜紀の魚類化石が多くを占めさらに古生代の魚類、植物、昆虫、甲殻類、爬虫類など約２００点以上の化石がある。クラドキクルスやラコレピスはまるでアートのようで貴重な実物標本でありつつその輝くような魅力に引き込まれて時間のたつのを忘れてしまう。自分の「推し」の化石を探したくなる空間なので、リピーターが多い

というのもうなずける。世界で2点だけ確認されているワニ類の絶滅種の全身骨格化石や２０１６年に新種のシーラカンス化石として報告された化石も人気。誰もが知るシーラカンスに複数の化石種が発見されていることなど知識を深めていくことで新たな角度が見えてくる。

城西大学水田記念博物館
大石化石ギャラリー

東京都千代田区平河町2-3-20
学校法人城西大学　東京紀尾井町キャンパス3号棟地下1階
【連絡先】＜化石ギャラリー事務局＞TEL.03-6238-1031　FAX.03-6238-1029　Mail.fossil_gallery@yahoo.co.jp
＜化石ギャラリー受付＞TEL.03-6238-8412　開館時間　午前11時～午後5時（土は11:30～12:30にお昼休みがあります）　休館日 日曜日・祝日・夏期休暇・年末年始　臨時休館がある場合がありますので、来館前に 当館ツイッター（https://twitter.com/mmm_fossil）などでご確認していただくことをお勧めしております。　入場料 無料
アクセス：東京メトロ有楽町線　麹町駅1出口から徒歩5分　東京メトロ半蔵門線　半蔵門駅1出口から徒歩5分

理 文

東京大学総合研究博物館

博物館のイメージを覆す驚くべき展示空間

東京大学総合研究博物館

住所：東京都文京区本郷7-3-1　東京大学本郷キャンパス内
電話：ハローダイヤル　050-5541-8600
開館時間：10:00 – 17:00（入館は16:30まで）
休館日：土曜日、日曜日、祝日、その他館が定める日
入館料：無料
HP：https://www.um.u-tokyo.ac.jp/
アクセス：地下鉄丸の内線「本郷三丁目」駅より徒歩6分、地下鉄大江戸線「本郷三丁目」駅より徒歩3分

画像提供：東京大学総合研究博物館　撮影：フォワードストローク

１９９６年に国内で最初の教育研究型ユニヴァーシティ・ミュージアムとして誕生。東京大学には１８７７年の創学から動物学、人類学、考古学、美術史、建築史などに関連する総数６００万点を超える学術標本がある。総合研究博物館では設置当初の推計２４０万点に、その後の収集・寄贈・寄託標本が加わり４００万点を超える学術標本を収蔵している。本郷本館はエントランスでまず目をみはる「学術標本の歴史」の展示から始まり、地学系、生物系、文化史系という区分を参考にしながら、数多くの貴重な標本を見学することができる。博物館ＨＰにはそれぞれの標本に関する解説があるので、興味が湧いたものはぜひ検索してほしい。最新の研究成果を発信する特別展示は内容も凄いが展示デザインも素晴らしいので必見。

北里柴三郎記念館

住所：東京都港区白金5丁目9番1号　北里柴三郎記念館1階　電話：03-5791-6103　開館時間：10:00-17:00（入館は16:30まで）　休館日：土・日曜・祝日、夏期休暇・年末年始　開校記念日（4/20）、北里研究所創立記念日（11/5）　※開館の場合もあるのでHPでご確認ください　入館料：無料　HP：https://www.kitasato.ac.jp/kinen-shitsu/　アクセス：地下鉄白金高輪駅3番出口から徒歩10分　JR・東京メトロ恵比寿駅東口から徒歩約15分又は田町駅行都バス約7分北里研究所前下車

北里研究所
北里柴三郎記念館

2024年新千円札の顔となる偉人の生涯と業績を学ぶ

画像提供：学校法人北里研究所 北里柴三郎記念室

北里柴三郎記念館 展示室内

北里柴三郎の業績は多岐にわたっており、世界的に知られる破傷風菌とペスト菌の研究に加えて近代日本医学の礎を築き衛生行政の推進者として幅広い活躍をしている。

世界を一変させた新型コロナウィルス感染症の中、展示室で紹介されている重要な資料が、北里柴三郎が１８７８年、東京大学医学部の学生時代に書いた演説原稿「医道論」。ここで説かれた、医の基本は予防にあり、学問の成果は広く国民の幸福のために用いられるべき、という彼の意志は強く心に残る。さらに北里考案の「結核退治絵解」を見ると、彼が国民への啓発に尽力していたことがよくわかる。

展示室では、彼の生い立ちから研究業績、恩師であるローベルト・コッホや福澤諭吉らとの交流の関連資料や顕微鏡など愛用品を紹介する。

東海大学松前記念館 歴史と未来の博物館

技術と教育の現場から世界の未来を考える

東海大学松前記念館
歴史と未来の博物館

住所：神奈川県平塚市北金目4-1-1 東海大学湘南校舎　電話：0463-58-1211（代表）
開館時間：10:00-17:00（入館は閉館の30分前まで）
コロナ対策により、学生・教職員以外の方は事前予約制の場合がありますのでHPでご確認ください　問い合わせ先：info.kinenkan@tsc.u-tokai.ac.jp　休館日：日曜、祝日、大学の休日　入館料：無料
HP：http://www.kinenkan.u-tokai.ac.jp
アクセス：小田急小田原線東海大学前駅徒歩15分 小田急東海大学前駅からバス（約5分）「秦野駅行き」「下大槻団地行き」バスで「東海大学北門」下車

創立者・松前重義は逓信省技官であった１９３０年代に電話通信分野で無装荷ケーブル通信方式を発明し、内村鑑三の影響を受け理想の教育を志し学園を作り、政治家として世界平和実現に尽力した。記念館には世界の主流となった無装荷ケーブル通信方式に関する詳細な展示と、その多重通信技術を応用して東海大学代々木校舎に開局したＦＭ東海（民間初の実験放送局・エフエム東京の前身）に関する展示があり、最新技術で社会の発展に貢献する強い意志を感じる。松前の激動の生涯と大学の創立から発展を紹介する展示には戦時下の日本で、国の要職にありながら戦争の早期終結を唱えたため、42歳の二等兵として激戦地に送られた際の「臨時招集令状」がある。湘南キャンパスは山田守設計のモダニズム建築の傑作として名高い。

日本大学理工学部
科学技術史料センター
CSTミュージアム

住所：千葉県船橋市習志野台7−24−1　日大理工船橋キャンパス　テクノプレース15
電話：047−469−6372
開館時間：10：00−17：00（入館は16：30まで）
休館日：日・祝祭日、大学が定める休日、夏期休暇中の土曜日
入館料：無料
HP：https://www.museum.cst.nihon-u.ac.jp
アクセス：東葉高速鉄道「船橋日大前」駅 下車徒歩1分（東京メトロ東西線乗り入れ）

日本大学理工学部 科学技術史料センター CSTミュージアム

最先端の研究設備の中で科学技術の歴史を学ぶ

屋内と屋外の二本立ての展示で知られる日大船橋キャンパスの工学系ミュージアム。全国の大学博物館の中でも希な存在である。２０２０年にガラス越しに実験施設が見られるテクノプレース15へ移転し、さらに内容が充実した。インパクトある特別展示室はその外観からロールケーキと呼ばれ、親しまれている。館内では人力飛行機関連資料や14学科の研究で使用されてきた貴重な実験器具などを常設展示し、学部の特色に沿った特別展も開催する。また関東大震災の遺物に関する展示は被災した建物の状況をリアルに伝えていてとても貴重なものだ。

屋外展示には近年お茶の水橋で発掘され話題を集めた路面電車の軌道や旧三菱一号館復元のための煉瓦壁試験体などがあり、キャンパスの中を探して歩くのも楽しい。

理 文

Meiji Pharmaceutical University 015

明治薬科大学
明薬資料館

薬学・薬業の歴史における貴重な逸品に会いに行く

創立者である恩田重信(剛堂)は内務省官僚から転身し薬剤師育成のため１９０２年東京薬学専門学校を設立した。

１９９８年に清瀬キャンパスに新設された資料館はバリアフリーでとても見学しやすい施設になっている。展示は５ゾーンに区分され、大学関連資料、創立者関連資料、大原薬業資料、薬学資料、生薬資料とそれぞれに注目の資料がある。恩田重信の著書「新医学大字典」は当時医学界で重用され、親交があった森鷗外が序文を寄せている。また関東大震災で校舎が全壊した後、創立者が自ら全国を行脚した際の写真は大学の苦難の歴史を象徴している。卒業生の大原紋三郎氏から寄贈された７００点を超える江戸時代からの薬業遺品は壮観。蒸留器の「らんびき」や特約店の看板は目を引く。陸軍初代軍医総監の松本順ゆか

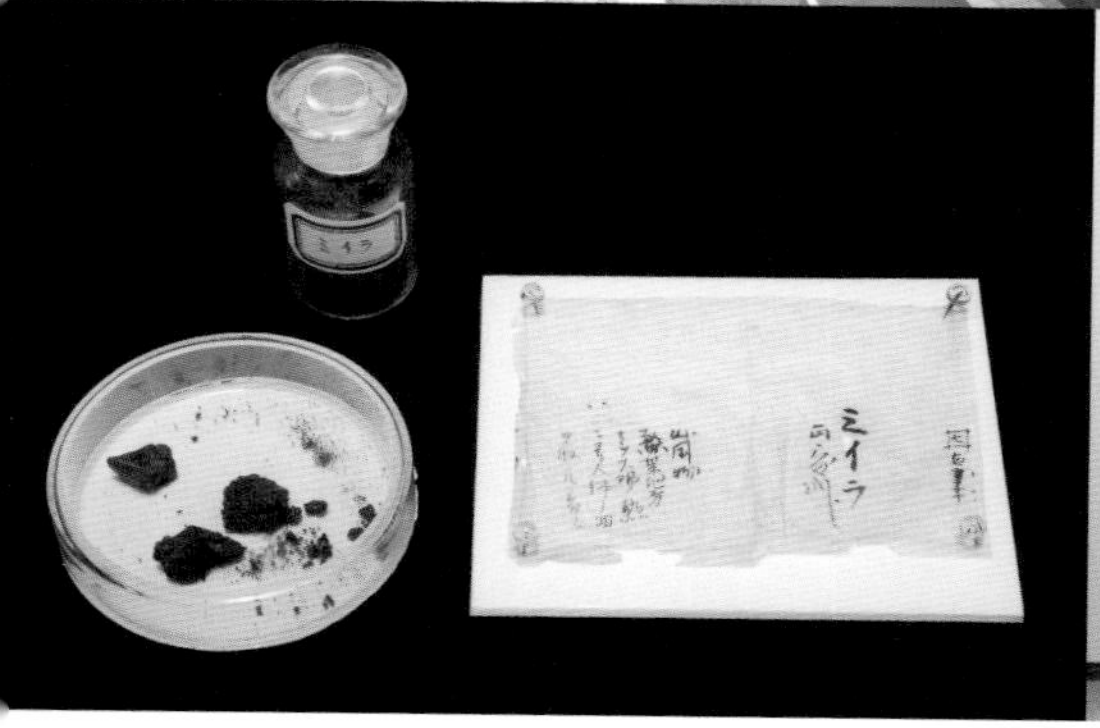

りの資料や生薬資料「身胃羅（ミイラ）」など実にレアなものがある。生薬資料には現在では入手できないものがあり、特に雌雄のジャコウジカの剥製は大変貴重な資料。ハーブやアロマの香りを体験できるコーナーもあり、隣接の薬用植物園も合わせて時間をかけて楽しみたい。

明治薬科大学
明薬資料館

住所：東京都清瀬市野塩2-522-1
電話：042-495-8942
開館時間：火・水・木 13:00〜16:00、土 10:00〜13:00（第2土曜日は除く）
休館日：月・金・日・祝日
入館料：無料
HP：https://u-lab.my-pharm.ac.jp/~museum/
アクセス：西武池袋線「秋津」駅下車 徒歩12分 または JR武蔵野線「新秋津」駅下車 徒歩17分

麻布大学
いのちの博物館

博物館前の馬場では
馬たちが元気に闊歩

麻布大学いのちの博物館

住所：神奈川県相模原市中央区淵野辺1－17－71　電話：042-850-2520　開館時間：10：00～15：30（入館は15：00まで）　休館日：土曜日、日曜日、祝日、そのほか大学に準ずる。
※詳細は開館スケジュールをご覧ください。
入館料：無料
HP：https://life-museum.azabu-u.ac.jp/
アクセス：JR横浜線「矢部駅」北口から 徒歩約5分

　子供も大人も楽しみながら生命への興味を深めることができる博物館。前身の東京獣医講習所から始まった麻布大学創立125周年を記念して2015年に開館。動物の病理解剖を通して学術的に貴重な標本が集まり、そこから広がった研究内容、動物標本、大学の歴史資料を中心に展示。ゾウやキリンといった大物から、今にも動きだしそうな巨大なアナコンダの骨格標本などを見ると「いのち」への畏敬の念が生まれてくる。

　動物の血管を研究するために開発された鋳型標本や麻布大学の研究の軸のひとつである環境関連の資料など考えながら見ていきたい。日本ではじめてパンダの人工繁殖に成功し、女性初の多摩動物公園・上野動物園園長として活躍した卒業生・増井光子を顕彰するコーナーもある。

電気通信大学 UECコミュニケーションミュージアム

時代を担った通信機器がいま伝えたいこと

電気通信大学
UECコミュニケーションミュージアム

住所：東京都調布市調布ケ丘1-5-1
電話：042-443-5296
開館時間：10:30-16:00
休館日：月曜・土曜・日曜・祝日、年末年始、学事予定の都合により臨時休館あり
※ウェブサイトをご確認ください
入館料：無料
HP：https://www.museum.uec.ac.jp
アクセス：京王線調布駅中央口より徒歩10分

電通大に相応しい歴史的な無線設備やエジソンによる蝋管蓄音機など動態保存されている展示資料から聞こえるリアルな音はネット全盛の現代では懐かしさと新たな魅力が感じられて全世代にアピール中。世界に一台しか現存していないダイバーシティラジオなど歴史的な無線通信機が揃った安川七郎氏のコレクション、真空管の黎明から全盛までの歴史に圧倒される大塚久氏のコレクションなど有識あるコレクターの情熱が心に響いてモノたちがこの博物館に収蔵されたことが嬉しくなる。世界的にも稀少なLieben管やスケルトンのブラウン管テレビ、前身校である無線電信講習所の卒業生の新田次郎ゆかりの資料、重厚なアンティークラジオの名品、ねむの木学園の宮城まり子氏が使用したマイクなど次々にユニークな展示品に出会える。

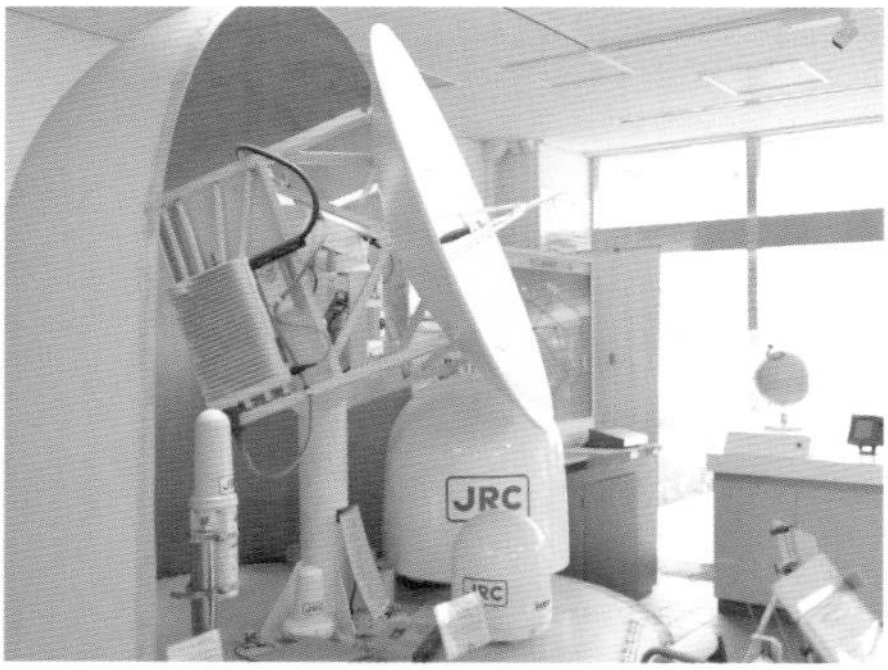

日本獣医生命科学大学付属博物館

歴史的建造物の中で
最新の獣医・畜産・生命科学に触れる

日本獣医生命科学大学付属博物館

住所：東京都武蔵野市境南町1-7-1
電話：0422-31-4151（代）
開館時間：10:30〜17:00（最終入館・物販終了は16:30） 休館日：日曜日・月曜日・祝日、年末年始、大学の定める休日（その他臨時休館あり） 入館料：無料 HP：https://www.nvlu.ac.jp/universityinstitution/004.html/
アクセス：JR中央線・西武多摩川線 武蔵境駅南口より徒歩2分

ミュージアムは風格ある一号棟の中にあり、大学の歴史、研究室の活動、日本の野生動物などに関する展示を行っている。国の登録有形文化財（建造物）である建物は１９０９年に東京市麻布区役所庁舎として建てられ、日本獣医学校が買い取り、１９３７年に現在地に移築。２０２２年に耐震補強工事が終了、その際に一部の扉を撤去する、補強用の柱を追加で設置するなどの工事が行われたが、建物全体の雰囲気は保たれている。階段の「人研ぎ」や外の景色が揺らいで見える古い板ガラスは発見すると楽しい。自然系展示室は里山の野生生物をテーマとし、タヌキやアナグマらの剥製を通して環境について考えることができる。キリンの骨格標本をよく見ると天井の一部が高く、移築当時の天井が思わぬ形で出現している。

理 文 Chiba University 019

千葉大学
サイエンスプロムナード

リアルな研究施設の中にある
未来の科学者への入り口

理系の魅力を幅広い世代に発信するため理学部2号館入口に設けられたミニ科学館。手作り感溢れる空間だが中身は本格的。「ファラデーの電磁誘導の不思議」「時々刻々変化する乱流屏風」「宇宙線を可視化できる霧箱」「ファノ平面」など最先端の研究に関連した22の展示物は実際に手に取れるものがあり楽しく学べる。学生スタッフの展示解説も好評で、スタッフ在館日時は公式ツイッターで確認できる。

住所：千葉県千葉市稲毛区弥生町1-33
千葉大学理学部2号館
電話：043-290-2872
開館時間：Twitter（@sci_pro）をご覧ください
休館日：日曜、祝日、大学が定める休日
入館料：無料
HP：https://www.chiba-u.ac.jp（大学）
https://www.s.chiba-u.ac.jp/sp/index.html（SP）
アクセス:JR西千葉駅徒歩15分

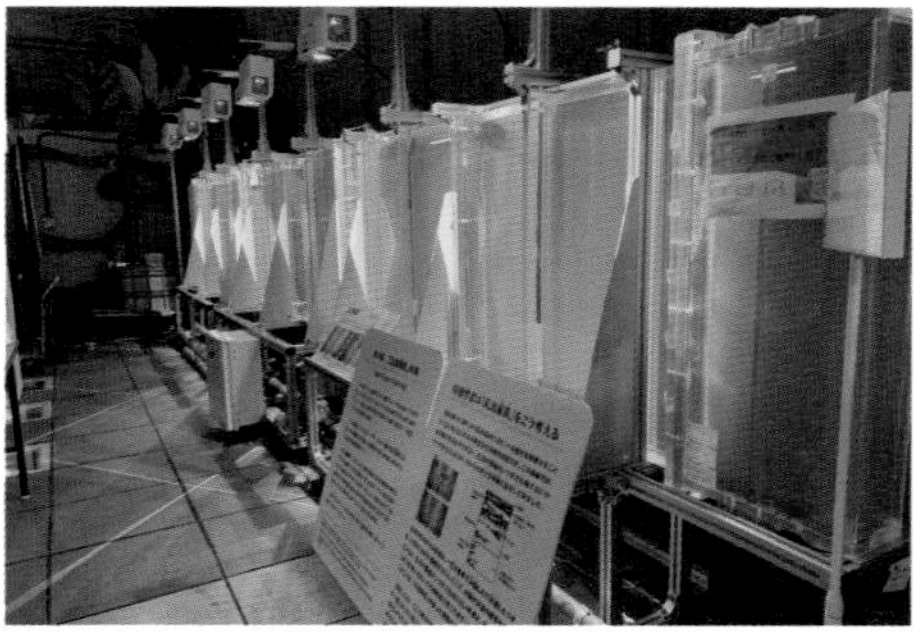

理 文 Chuo College of Technology 020

中央工学校歴史館

建築のプロを育成する学校は
名建築の校舎がそのまま教材

中央工学校は1909年に創立された建築や機械工学などの技術者を育成する専門学校。歴史館では多くの資料によって学校の長い歴史、発展に携わった人々を紹介。卒業生である田中角榮元首相が第5代校長を務めていたことや1918年に女子製図科を設置し女性の地位向上に貢献していたことは驚きであった。林雅子設計の「STEP」（21号館）などの校舎が素晴らしく、状態も良いのは流石だ。

住所：東京都北区王子本町一丁目26−17
電話：03−3905−1511
開館時間：9：00〜16：00
休館日：学校の休校日、また土曜日・日曜日・祝日等
入館料：無料
HP：https://chuoko.ac.jp
アクセス：JR京浜東北線 王子駅、東京メトロ南北線 王子駅

住所：東京都品川区荏原2-4-41　電話：03-3786-1011（代）　※10名以上（団体）で見学の場合は、事前に電話でご連絡ください。　開館時間：月～金10：00～16：00　土10：00～12：00　休館日：日曜、祝日、年末年始、大学が定める休日　入館料：無料　HP：https://www.hoshi.ac.jp/site/index.php　アクセス：東急池上線 戸越銀座駅 徒歩8分 都営地下鉄浅草線 戸越駅 徒歩10分　東急目黒線 武蔵小山駅 徒歩15分（正門まで）

理　文　Hoshi University　021

星薬科大学歴史資料館

日本と世界の絆をつくり 教育と事業の信念を貫く

１９１１年に星製薬を設立した星一は社内に教育部を設置し、この部門が大学の母体となった。歴史資料館では時代に先駆けた発想と国際的な行動力で知られる星一の生涯や大学史を紹介。星一のモットー「親切第一」の額や星と同郷で親交が深かった野口英世の顕微鏡が人気。アントニン・レーモンドが設計した名建築の本館の前では星一の胸像が今も学生を見守る。ショートショートの神様・星新一は星一の長男。

住所：埼玉県坂戸市千代田3-9-21
電話：049-284-3489
入館料：無料
開館日時等はHPまで
HP：https://www.eiyo.ac.jp/fuzoku/tenjisitu/top_tenjisitu.html
アクセス：東武東上線若葉駅東口より徒歩3分

理　文　Kagawa Nutrition University　022

女子栄養大学 香川昇三・綾記念展示室

「食は生命なり」を掲げて 栄養学と歩んだ98年の生涯

学園の創立者である香川昇三・綾夫妻の激動の生涯と学園の歴史を、豊富な資料と愛用の品とともに展示紹介。栄養学の普及に生涯を捧げた綾が取り組んだ計量カップと計量スプーンによる料理の計量化や、健康のために実践しやすい食事法「四群点数法」に関する資料は特に目を引く。共に医師だった夫妻が１９３３年に始めた家庭食養研究会が女子栄養大学の前身で、有名な「栄養と料理」の創刊も大きな仕事であった。

理　文　Saitama University　023

埼玉大学図書館
梶田隆章先生
ノーベル物理学賞受賞
記念展示コーナー

理学部校舎のすぐそばで
輝かしい業績の原点を見る

埼玉大学理学部物理学科卒業生である梶田隆章博士は「ニュートリノ振動の初観測」の業績から２０１５年ノーベル物理学賞を受賞。図書館1階にはその栄誉を讃える記念展示コーナーが設置されている。ノーベル賞受賞までの歩みと研究成果の紹介、貴重な写真や後輩たちへの直筆メッセージがあり、母校ならではの埼大生によるインタビュー動画からは梶田博士の飾らない人柄が伝わってくる。

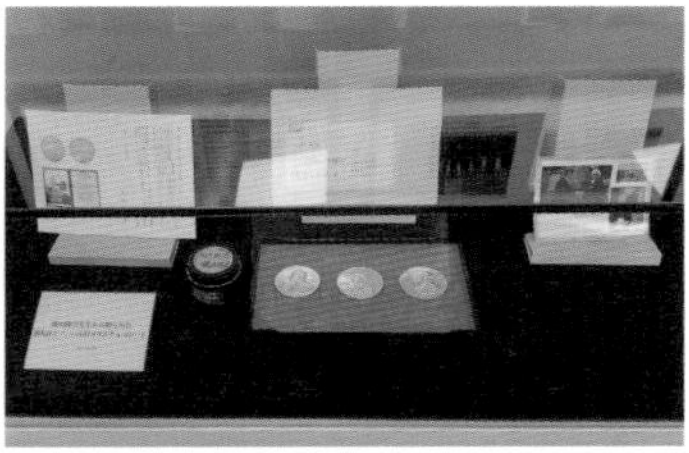

住所：埼玉県さいたま市桜区下大久保255　電話：048-858-3668　入館料：無料　開館日時等はHPまで　HP：http://www.lib.saitama-u.ac.jp/
アクセス：JR京浜東北線北浦和駅西口下車→バス「埼玉大学」ゆき（終点）　JR埼京線南与野駅下車→北入口バス停から「埼玉大学」ゆき（終点）、西口バス停から全ての便が埼玉大学を経由します　東武東上線志木駅東口下車→バス「南与野駅西口」ゆき（「埼玉大学」下車）

理　文　Saitama University　024

埼玉大学図書館
官立浦和高等學校
記念資料室

伝説的な旧制浦和高校の
大いなる雰囲気にふれる

１９２１年設立の官立浦和高等學校は１９５０年に新制埼玉大学に移行するまでの30年で政財界の大物や文学者など多数の人材を輩出した名門校だった。資料室では時代を謳歌した高校生を象徴する制帽・制服、マント、朴歯下駄などを時々の展示替えを交えて紹介。戦前の思想統制が窺える歴史資料や旧制高校生三種の神器と言われた書物『善の研究』『三太郎の日記』『愛と認識との出発』なども貴重なものだ。

住所：埼玉県さいたま市桜区下大久保255　電話：048-858-3668　入館料：無料　開館日時等はHPまで　HP：http://www.lib.saitama-u.ac.jp/
アクセス：JR京浜東北線北浦和駅西口下車→バス「埼玉大学」ゆき（終点）　JR埼京線南与野駅下車→北入口バス停から「埼玉大学」ゆき（終点）、西口バス停から全ての便が埼玉大学を経由します　東武東上線志木駅東口下車→バス「南与野駅西口」ゆき（「埼玉大学」下車）

理 文

Chiba Institute of Technology 025

千葉工業大学 東京スカイツリータウン® キャンパス

センスあふれる空間で 理系の本気を堪能する

《エリアⅠ》打ちあげ花火をデザインする
写真：Ryu Furusawa

《エリアⅡ》小惑星探査機「はやぶさ2」実物大模型
写真：千葉工業大学

千葉工業大学の先端技術を応用した参加型アトラクションと、ロボットや模型などの圧倒的な存在感で見る人を惹き付ける展示がとても楽しい。超巨大画面に映る打ち上げ花火のデザイン体験や人工知能による花分類システムの「ハナノナ」にはデジタルアートとしての魅力もある。実物大マクロスFのバルキリーや小惑星探査機「はやぶさ2」の実物大模型など宇宙を感じさせる展示品は特に人気がある。

住所：東京都墨田区押上1-1-2 東京スカイツリータウン8階　電話：03-6658-5888
開館時間：10:30〜18:00　休館日：年中無休※年4回のメンテナンス日除く　入館料：無料
HP：https://cit-skytree.jp/
アクセス：押上（スカイツリー前）駅下車 徒歩1分

理 文

The University of TOKYO 026

東京大学医学部・医学部附属病院 健康と医学の博物館

世界の医学の進歩に貢献した 数々の業績を紹介する

安政5年（1858年）設立の神田お玉ケ池種痘所を起源とする東京大学医学部・医学部附属病院の歴史や業績を紹介する博物館。2011年に開館し2019年に南研究棟に移転。ドイツ人教師の来日、色覚検査表の開発、人工がんの発生に世界で初めて成功、胃カメラの開発、抗がん剤の研究、アレルギー物質IgEの発見と解明、カルシウムによる筋収縮・弛緩制御機構の解明などの研究・業績を紹介。森鷗外、加賀乙彦ら医学部出身の文豪を紹介する展示も興味深い。

住所：東京都文京区本郷7-3-1 東大病院・南研究棟1F　電話：03-5481-0813　入館料：無料
開館日時等はHPまで
HP：https://mhm.m.u-tokyo.ac.jp
アクセス：地下鉄大江戸線本郷三丁目駅徒歩8分、丸の内線本郷三丁目駅徒歩10分　地下鉄千代田線湯島駅徒歩12分、千代田線根津駅徒歩12分　地下鉄南北線東大前駅徒歩12分

理 文

Tokyo Women's Medical University 027

東京女子医科大学史料室・吉岡彌生記念室

偉大な業績を成し遂げた「至誠と愛」を学ぶ

１９００年、吉岡彌生・荒太夫妻は女性が医師になるための教育を実現する東京女医学校を創立。日本女性の地位向上に貢献したその業績と世界でも稀な女子医科大学の歴史を伝える。女性の能力を発揮する医師を育成するという強い信念を感じさせる資料や、女子医大のシンボルであったかつての一号館の意匠などを展示。１９７０年に設置された吉岡彌生記念室は２０２０年に彌生記念教育棟１階に移転。

住所：東京都新宿区河田町8-1
電話：03-3353-8111（大代表）
入館料：無料　※開室日時等はHPでご確認ください
HP：https://www.twmu.ac.jp/univ/about/yayoi.php
アクセス：都営大江戸線若松河田駅徒歩5分　都営新宿線曙橋駅徒歩8分　都営バス宿74宿75早81系統ほか「東京女子医大前」

理 文

Tokyo Metropolitan University 028

東京都立大学牧野標本館

緑豊かな駅近のキャンパスで貴重な植物標本の実物を見る

近年新たに注目を浴びている植物分類学者・牧野富太郎が収集した標本は博士の没後、東京都に寄贈された。東京都立大学牧野標本館が設置され、20年以上の地道な整理作業を経て、貴重な標本を活用した教育・研究活動が行われている。標本保護のため一般の方の標本庫への入館は出来ないが、本館入口の標本展示コーナーで牧野標本の一部や博士が描いた植物画、標本が包まれていた新聞紙などが見学できる。

住所：東京都八王子市南大沢1-1
電話：042-677-1111（代表）
入館料：無料　開館日時等はHPまで
HP：https://www.tmu.ac.jp/campus_guide/mak.html
アクセス：京王相模原線「南大沢」駅改札口から徒歩約15分

國學院大學博物館

日本のモノと心を知る
名品がいざなう知的空間

世界中から人々が集まる渋谷駅から少し歩くと、落ち着いた雰囲気に包まれた國學院大學のキャンパスがある。学外の方も入りやすい國學院大學博物館は東京の観光名所としていま人気を集めている。

常設展は考古、神道、校史の三つのゾーンが柱となっている。考古学研究の長い伝統を持つ國學院ゆかりの展示資料にはユーモラスなバンザイでおなじみの「挙手人面土器」、素晴らしい造形美の火焔型土器、遮光器土偶や国指定重要文化財の石枕、そして勾玉を光りを用いて祭祀とアートの両面から魅せる展示など貴重なモノたちが、絵になる空間構成の中でゆっくりと見ていける。縄文土器の数多くの文様に関する展示は古代の社会における流行や情報の広がりについて考えさせてくれたりと、展示資料にはそれぞれ学術的な背

景があり、優れたデザインを楽しむだけでなく、資料に関する研究を知ることで、さらに多彩な輝きを持って見えてくるのが面白い。

神道ゾーンでは、ここでしか見ることのできない貴重な展示が行われ、神々への信仰という具現化の難しいテーマを研究を進めながら紹介している。神道と考古の間の接続領域のような場所に三輪山の磐座の模型展示が置かれていることからも、この博物館の特質がさりげなく感じられる。

明治期の急速な西洋化で日本の伝統が失われることが懸念されたことから、日本の歴史や文化を研究するため明治15年に設立された皇典講究所が國學院のルーツであり、校史ゾーンでは大学および皇典講究所関連の資料などを展示する。創立以来の御縁から、宮家ゆかりの資料も

多く目が惹き付けられる。折口信夫ら國學院の著名な研究者についても資料とともに展示されており、折口自身の愛弟子への万感の思いが感じられる資料は特に心に響く。

この博物館のさらなる魅力は年間を通じて開催されるさまざまな企画展。２０１３年に館名を改めてからさらに充実し、ファンの間で語り継がれる、大学博物館ではレアな入館者の行列ができた展覧会など大学の研究を反映した企画が見事。國學院大學図書館との連携で貴重な名品が見られるのも嬉しい。ＳＮＳでの発信も力を入れていて、近年ではユーチューブを通して企画展や常設展を大学の教員が解説する動画が公開されるなど発信力が高まっている。工夫されたグッズや図録を扱うやミュージアムショップもあり、気が付くと時間が過ぎている。

國學院大學博物館

住所：東京都渋谷区東4-10-28
電話：03-5466-0359
開館時間：10：00～18：00（最終入館17：30）
休館日：不定休（館内保守及び大学の定める休日）
入館料：無料
HP：http://museum.kokugakuin.ac.jp/
アクセス：
・渋谷駅より都バス学03「日赤医療センター前」行「国学院大学前」下車、または徒歩約13分
・恵比寿駅より都バス学06「日赤医療センター前」行「東四丁目」下車、または徒歩約15分

女子美アートミュージアム

ゆったりした時間の中で多彩なアートにふれる

緑が豊かな女子美術大学相模原キャンパスのミュージアムは、バスを降りて隣接する公園の木々を眺めながら歩道を少し歩くと入口があり、学外の方がスムーズに入れるように工夫されている。光がよく映える開放的な空間のロビーとすっきりした広い展示室を活用し、学生の制作展や地域の美術振興に関連する企画展、収蔵品を公開するコレクション展など年間６本ほどの展覧会を開催している。収蔵品は大久保婦久子、片岡球子、郷倉和子、多田美波、三岸節子ら女子美出身の作家と大学にゆかりの深い美術家の作品、旧カネボウコレクションの一部を含めた、古代から近代までの世界の染織品の国内最大級のコレクションなどがある。エジプトのコプト裂、アンデスの染織品、日本の小袖などは愛好家が多く、展示の際は大勢の方が訪れ

2021年度女子美術大学大学院博士前期課程修了制作作品展　ロビー展示風景

る。江戸時代のきものの持つ、背面を絵絹に見立てて意匠を施す文化を知識のない方にもわかりやすく紹介するという風に、染織品の資料にあまり馴染みがなくても、興味を持てるように考えられた展示が魅力的で、何度訪れても新たな出会いが待っている。

女子美アートミュージアム

住所：神奈川県相模原市南区麻溝台1900　電話：042-778-6801
開館時間：10:00〜17:00（入館は16:30まで）　休館日：日曜・祝日・展示替期間　入館料：無料（展覧会により有料の場合があります）
HP：https://www.joshibi.net/museum/
アクセス：①小田急線相模大野駅北口3番バス乗り場から「女子美術大学」行き 乗車約20分　②JR横浜線古淵駅2番バス乗り場から「女子美術大学」行き 乗車約15分　③車で来館の方は隣接する市立相模原麻溝公園内の各駐車場をご利用ください

女子美染織コレクション展part10　きもの -江戸から明治の装い-　展示風景

女子美ガレリアニケ

新しい感性と表現の成果を はじめて目撃する観客になる

杉並キャンパスにて学生や教員による作品展や「ニケキュレーターズセレクション」として注目のアーティストを紹介する企画展など、女子美にゆかりのある作品の展示を中心に活動するギャラリー。コンパクトなスペースでも作品をより個性的に見せる美大らしい雰囲気があり、未知のアーティストの作品と出合えることがとても楽しい。ワークショップや講演会などのイベントも開催する。

ニケキュレーターズセレクション#05 齋藤 彩 展　展示風景

ニケキュレーターズセレクション#06
東 麻奈美 −ポルターガイスト/回転−　展示風景

住所：東京都杉並区和田1-49-8　女子美術大学杉並キャンパス1号館1階　電話：03-5340-4688
開館時間：10：00～17：00
休館日：日曜・祝日・展示替期間　入館料：無料
HP：https://joshibinike.tumblr.com
アクセス：東京メトロ丸の内線東高円寺駅下車約8分

女子美術大学歴史資料室

貴重な資料のデザインから いまも感じる女子美のセンス

女子美術大学は１９００年に「私立女子美術学校」として当時の女性が美術を学ぶほぼ唯一の専門教育機関として創立され今日に至る。歴史資料室は大学の創立者・功労者の顕彰や自校史の調査研究、資料収集、ニューズレターの発行などを行い、展示室にて新たな資料の発掘や研究の成果を公開している。歴史資料室所蔵の創立者・横井玉子考案の改良服の復元資料が出品される際は、ぜひ見ておきたい。

菊坂の女子美―戦災により焼失した本郷菊坂町校舎の時代をふりかえる―　展示風景

女子美術大学所蔵 藤田文蔵作品展　展示風景

住所：東京都杉並区和田1-49-8　女子美術大学杉並キャンパス1号館1階　電話：03-5340-4658
開館時間：10：00～17：00　休館日：火・日・祝日、夏期休業日、冬期休業日、展示替期間　入館料：無料
HP：http://www.joshibi.net/history/
アクセス：東京メトロ丸の内線東高円寺駅下車約8分

玉川大学教育博物館

住所：東京都町田市玉川学園6-1-1
電話：042-739-8656
開館時間：9：00-17：00（入館は16：30まで）
休館日：土曜日・日曜日・祝休日・玉川大学が定めた休日（夏期休暇・年末年始休暇ほか）展示替えなどのため、随時に休館することがあります。電話または当館HPでご確認ください）
入館料：無料
HP：https://www.tamagawa.jp/campus/museum/
アクセス：小田急線「玉川学園前」駅下車　駅南口より徒歩15分※駐車場はございません

玉川大学教育博物館

創立者小原國芳の展示は その情熱と理想を伝える

全人教育の理念で知られる玉川学園の広大なキャンパスにある博物館は特色あるコレクションをいくつも収蔵している。中でも２０２０年に国の登録有形文化財に登録された、戦前の外地教育の内容がうかがえる近代教科書関係資料を含む日本教育史資料が有名。近世の寺子屋で使われた教材、藩校や私塾の資料、明治期の教科書などを幅広く常設展示している。石版画の美しさが際立つ英国人博物学者ジョン・グールドの鳥類図譜全41巻、キャンパス内と周辺地域から出土した考古資料、学生への実物教育のために収集されたイコン(聖像画)コレクションなどがある。ホンダ創業時の経営者である藤沢武夫氏から寄贈された現代美術の絵画・版画・彫刻１０８点のコレクションは二十世紀美術が概観できる優品揃いである。

立教大学 江戸川乱歩記念 大衆文化研究センター 旧江戸川乱歩邸

乱歩の面影を探して いまもファンが集う聖地

立教大学
江戸川乱歩記念大衆文化研究センター
旧江戸川乱歩邸

住所：東京都豊島区西池袋3-34-1
電話：03-3985-4641
入館料：無料
開館日時等はHPまで
HP：https://www.rikkyo.ac.jp/research/institute/rampo/
アクセス：JR各線、東武東上線、西武池袋線、東京メトロ各線で池袋駅下車、徒歩約7分

立教大学のキャンパスのすぐそばに江戸川乱歩の邸宅が残っていることに感謝したい。立教大学名誉教授であった平井隆太郎が乱歩の長男という縁もあり２００２年に旧乱歩邸・旧蔵書・諸資料を一括して引き受けることになった。寄託された自筆原稿、書簡、切抜、手帳など多様な資料を整理・分類しながら、今なお数々のメディアの中で話題を集める乱歩という巨人を研究する機関として大衆文化研究センターが活動中。転居を繰り返していた乱歩が昭和９年から40年に没するまで暮らしたこの家の庭から応接間を眺めると今なお乱歩の息遣いが感じられる。有名な土蔵も豊島区有形文化財に指定されその雄姿を保っている。幅広い世代のファンが訪れる聖地である旧乱歩邸が不滅であることを願い、今後も注目していきたい。

立教学院展示館

理想の教育を求めて生まれた
立教らしさのルーツをたどる

賑やかな大都会の中、優雅で静謐な雰囲気を保つ展示館は１９１９年に建てられた旧図書館旧館を活用し、歴史的環境とその記憶を背景にするというコンセプトで本館やチャペルと共に池袋キャンパスに更なる風格を与えている。米国聖公会宣教師ウィリアムズが１８７４年に設立し度々被災しながら次第に発展していった学院史を紹介する展示を見ていくとミッションスクールであり米国の一流カレッジを参考に国内外の人材が活躍した独特な教育機関であることが理解できる。ウィリアムズゆかりの貴重な資料などの常設展示に加えて、デジタルコンテンツが充実しているのが展示館の特色でレトロな空間とデジタルの共存がユニーク。定期的に更新される情報端末を活かした企画展も開催されているので見逃せない。

立教学院展示館

住所：東京都豊島区西池袋3-34-1
電話：03-3985-4841
開館時間：平日10:00-17:00
　　　　　土曜日11:00-17:00
休館日：水曜日・日曜日・祝日・大学の休業期間
入館料：無料
HP：https://www.rikkyo.ac.jp/research/institute/hfr/
アクセス：各線・池袋駅下車、西口より徒歩約7分

理 文

Meiji University 036

明治大学博物館

深く学んでみたいと思わせる個性的な展示と解説が面白い

日本を代表する大学博物館として日々多くの人が訪れている。博物館のあるアカデミーコモンは様々な学会・生涯学習講座や公開イベントが行われる場所なので「開かれた大学」として最適な立地。「商品」「刑事」「考古」の三博物館が統合されて、２００４年に開館して以来、前身時代から収集された45万点を超える資料のうち重要文化財を含む約２０００点を常設展示している。内容は工夫を重ねていて、何度訪れても楽しめる。刑事部門で有名な「ニュルンベルクの鉄の処女（模型）」やギロチン（同）、時代劇に登場する十手や刺又といった捕者道具などは過去の法と刑罰、人権抑圧について理解するために紹介している。考古部門は旧石器時代の岩宿遺跡発掘に関する展示や縄文時代の黒曜石採掘とその広がりに関する展示、亀ヶ岡文化圏で

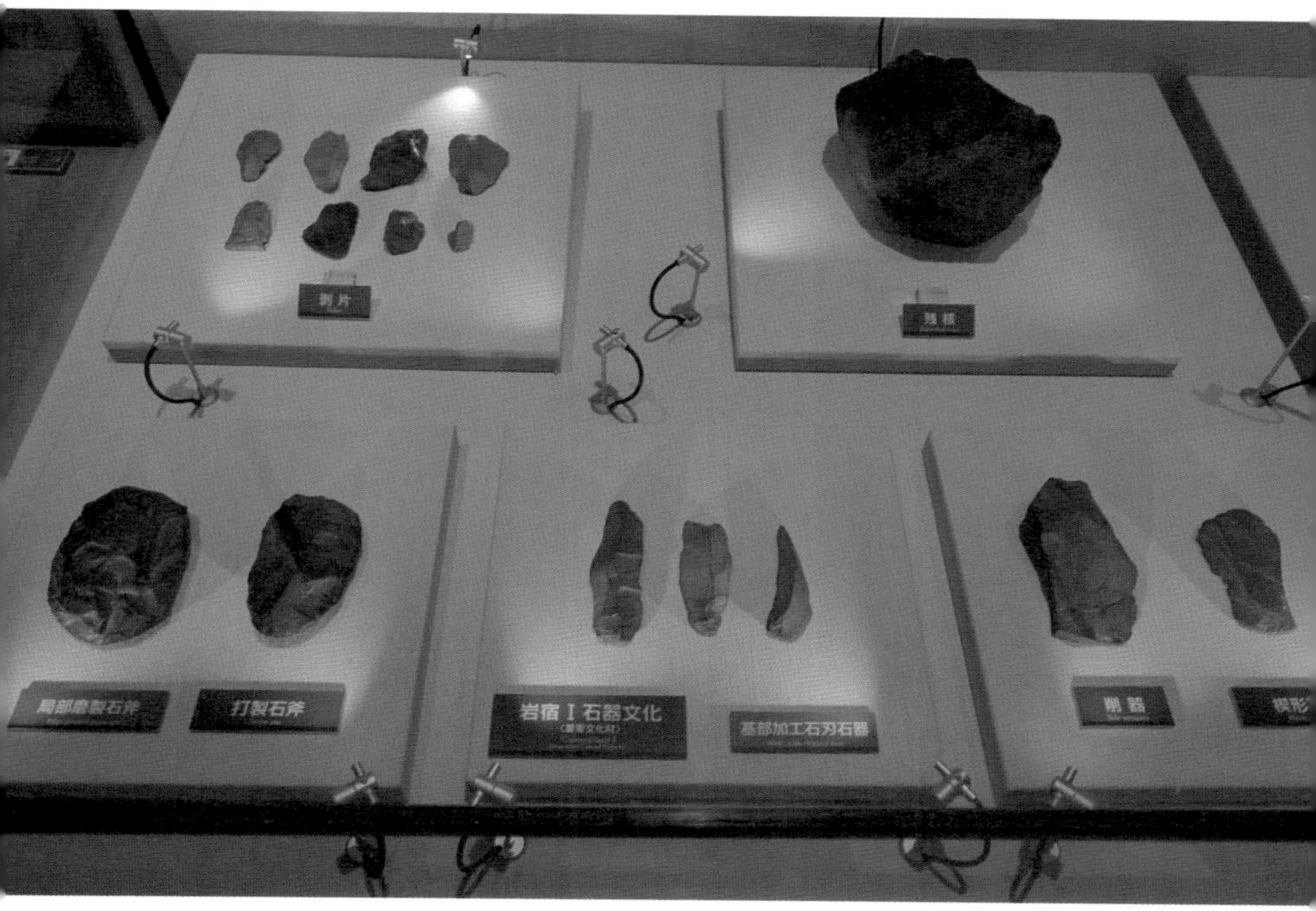

明治大学博物館

住所：東京都千代田区神田駿河台1-1
電話：03-3296-4448
開館時間：(月)～(金)10:00～17:00、(土)10:00～16:00
休館日：日曜・祝日　8/1～9/19の土曜　8/10～16　11/1
12/26～1/7　1/17
入館料：無料
HP：https://www.meiji.ac.jp/museum/
アクセス：JR御茶ノ水駅、東京メトロ・都営地下鉄神保町駅、東京メトロ新御茶ノ水駅

出現した土偶に関東の再葬墓、弥生時代の銅鐸まで力の入った解説が続き、この場所が本格的な大学博物館であることを実感する。伝統的工芸品を紹介する商品部門をじっくり見ると、現在の日本の手工業の状況と技術の継承に関する問題などが見えてくる構成になっている。様々なテーマの企画展も充実している。

理 文 Meiji University 037

明治大学史資料センター 大学史展示室

コンパクトなスペースで 大学の長い歴史を一気に学ぶ

明治大学博物館と同じアカデミーコモンにて大学史に関する多彩な資料を常設展示。明治大学のルーツである明治法律学校を1881年に創設した三人の創立者の岸本辰雄、宮城浩蔵、矢代操や有名な校歌「白雲なびく」、駿河台のシンボルだった旧記念館に関する資料や昭和期の教室や学寮の再現などを紹介。1929年に法科と商科の専門部女子部を創設したことは時代に先駆けた画期的な英断であった。

住所：東京都千代田区神田駿河台1-1　電話：03-3296-4448　開館時間：(月)～(金)10:00～17:00、(土)10:00～16:00　休館日：日曜・祝日　8/1～9/19の土曜　8/10～16　11/1　12/26～1/7　1/17　入館料：無料
HP:https://www.meiji.ac.jp/history/exhibition/exhibition1.html
アクセス：JR御茶ノ水駅、東京メトロ・都営地下鉄神保町駅、東京メトロ新御茶ノ水駅

理 文 Meiji University 038

明治大学 阿久悠記念館

アナログの鬼と言われた 偉大な作詞家の魂を継承

500曲以上の歌謡曲を作詞し、数々の大ヒット曲を世に送った阿久悠は1959年に明治大学文学部を卒業、広告会社勤務を経て、作詞や小説などに多大な業績を残した。時代を鋭く切り取った生涯を明治大学でのエピソードや仕事の流儀、書斎再現などの展示で紹介。特に目を引くのが1967年からの膨大な作詞曲のごく一部の500曲あまりのタイトルが並ぶパネルで、まさに圧倒される。

住所：東京都千代田区神田駿河台1-1　電話：03-3296-4448　開館時間：(月)～(金)10:00～17:00、(土)10:00～16:00　休館日：日曜・祝日　8/1～9/19の土曜　8/10～16　11/1　12/26～1/7　1/17　入館料：無料
HP:https://www.meiji.ac.jp/akuyou/
アクセス：JR御茶ノ水駅、東京メトロ・都営地下鉄神保町駅、東京メトロ新御茶ノ水駅

明治大学 米沢嘉博記念図書館・現代マンガ図書館

世界が注目する日本の文化 マンガの凄さを再発見する

明治大学
米沢嘉博記念図書館・現代マンガ図書館

住所：東京都千代田区神田神保町1-7-1　電話：03-3296-4554　※開館時間におかけください。 開館時間：月・金 14:00-20:00、土・日・祝 12:00-18:00　休館日：火・水・木、年末年始、特別整理期間　入館料：1階展示室 無料　2階閲覧室有料（一日会員330円〜）
HP：https://www.meiji.ac.jp/manga/yonezawa_lib/
https://www.naiki-collection.jp/
アクセス：JR御茶ノ水駅より徒歩7分、水道橋駅より徒歩8分、地下鉄／神保町駅より徒歩8分

コミックマーケット創立メンバーの一人で、現在の同人誌即売会の理念を作ったマンガ評論家の米沢嘉博のコレクションと日本初のマンガ専門図書館を創設した内記稔夫のコレクションをもつ2館（合計約41万冊を超える資料を所蔵）が2021年から駿河台キャンパスそばで複合運用を開始。日本最大級の蔵書数を誇るマンガ専門図書館として重要な場所となっている。常設展では両館の個性的なコレクションや米沢・内記両氏の業績の紹介、貴重なマンガ本の実物を展示。人気を集めているのが原画展やマンガやサブカルチャーにまつわる年3回の企画展示。大好きなマンガ家の資料が見たくて遠方から訪れる方も多い。会員制の閲覧室で雑誌や単行本の実物を手に取ったり、事前予約等で閉架式の資料を調べることもできる。

早稲田大学會津八一記念博物館

名建築の中でさらに輝く
日本と世界の優れた美術品

早稲田大学で東洋美術史を講義し、歌人・書家として著名な會津八一は美術史の研究と教育のために私財を投じて東洋の古美術品を収集し、そのコレクションが博物館の柱となっている。會津は大正末期に大学博物館の設立を提言し、その夢は1998年の開館によって叶えられた。館内には横山大観と下村観山の大作「明暗」が大階段を飾り、1階ホールの大扉の重厚なデザインが印象的。建物は1925年に図書館として建てられ、早稲田大学理工学部で長く建築を指導した今井兼次のデビュー作として知られる。2階のグランドギャラリーはかつての図書館閲覧室で現在は企画展示に使用され、美しい天井の造形が素晴らしい。この博物館そのものが貴重な文化遺産といえる。

例年、早稲田大学大社淑子名

誉教授の近現代美術コレクションなど絵画や彫刻を中心とする展示、會津八一コレクションの東洋美術作品や八一の書画や書簡資料の展示、そして旧富岡美術館から寄贈された近世禅書画や東洋陶磁からの展示がある。展示替えもあるので何度も訪れてみたい。

早稲田大学會津八一記念博物館

住所：東京都新宿区西早稲田1-6-1 早稲田大学早稲田キャンパス2号館
電話：03-5286-3835
開館時間：10:00〜17:00
休館日：水曜日ほか
入館料：無料
HP：https://www.waseda.jp/culture/aizu-museum/
アクセス：東京メトロ東西線「早稲田」駅（3aまたは3b出口）徒歩5分、
都電荒川線「早稲田」駅 徒歩5分、
JR山手線・西武新宿線「高田馬場」駅より都営バス「早大正門」行 終点下車 徒歩2分

早稲田大学歴史館

早稲田大学の
過去・現在・未来の全貌を紹介

１８８２年から始まる早稲田大学の歴史を独特な展示構成で紹介している。早稲田キャンパス１号館の重厚な外観とノスタルジックな内部空間の中で、デジタル媒体を多く活用した斬新な展示が行われているのが面白い。大学史に登場する多くの人物像は実に多彩だが、どこか早稲田らしい共通点があるような気がしてくる。創設者の大隈重信を紹介する展示には最新の光投影技術を融合した装置があり、大隈が演説する肉声を聞くことができる。２０１８年の開館以来、多くのテーマによって早稲田大学史を探究する企画展を開催しており、インパクトのある展覧会は非常に力強いものがある。ミュージアムショップとカフェが併設されており、グッズを購入しお茶を楽しみながら、今見てきたものについて考えてみたい。

早稲田大学歴史館

住所：東京都新宿区西早稲田1-6-1 早稲田大学早稲田キャンパス1号館1階
電話：03-6380-2891
開館時間：10:00～17:00
休館日：水曜日ほか
入館料：無料
HP：https://www.waseda.jp/culture/about/facilities/rekishikan/
アクセス：東京メトロ東西線「早稲田」駅（3aまたは3b出口）徒歩5分、都電荒川線「早稲田」駅 徒歩5分、JR山手線・西武新宿線「高田馬場」駅より都営バス「早大正門」行 終点下車 徒歩2分

早稲田スポーツミュージアム

記憶と記録を伝えるために工夫を凝らした展示がある

早稲田スポーツミュージアム

住所：東京都新宿区戸山1-24-1 早稲田大学戸山キャンパス 早稲田アリーナ3階
電話：03-5286-9079
開館時間：10:00～17:00
休館日：水曜日ほか
入館料：無料
HP：https://www.waseda.jp/culture/about/facilities/spomu/
アクセス：東京メトロ東西線「早稲田」駅（2または3a出口）徒歩5分

早稲田大学にとってスポーツは重要な意味をもつことが、創設者の大隈重信と初代野球部長の安部磯雄の信念に満ちた言葉を引用した展示で理解できる。2019年の開館以来、躍動感ある展示で早稲田スポーツの伝統と魅力を伝えている。とくに体育各部を交代で展示するコーナーは、足を運ぶ度に新たな発見があるような工夫がなされている。「最後の早慶戦」や「東京五輪の聖火最終ランナー」など早稲田スポーツゆかりのエピソードからは、展示資料と共に当時の雰囲気を強く感じる。初代野球部監督で学生野球の父と呼ばれる飛田忠順（穂洲）のグラブとユニフォームは野球好きなら見逃せない。また、廊下側の「ウォーク・オブ・フェイム」は1928年アムステルダム五輪三段跳び金メダリストの織田幹雄の大飛躍が体感できて楽しい。

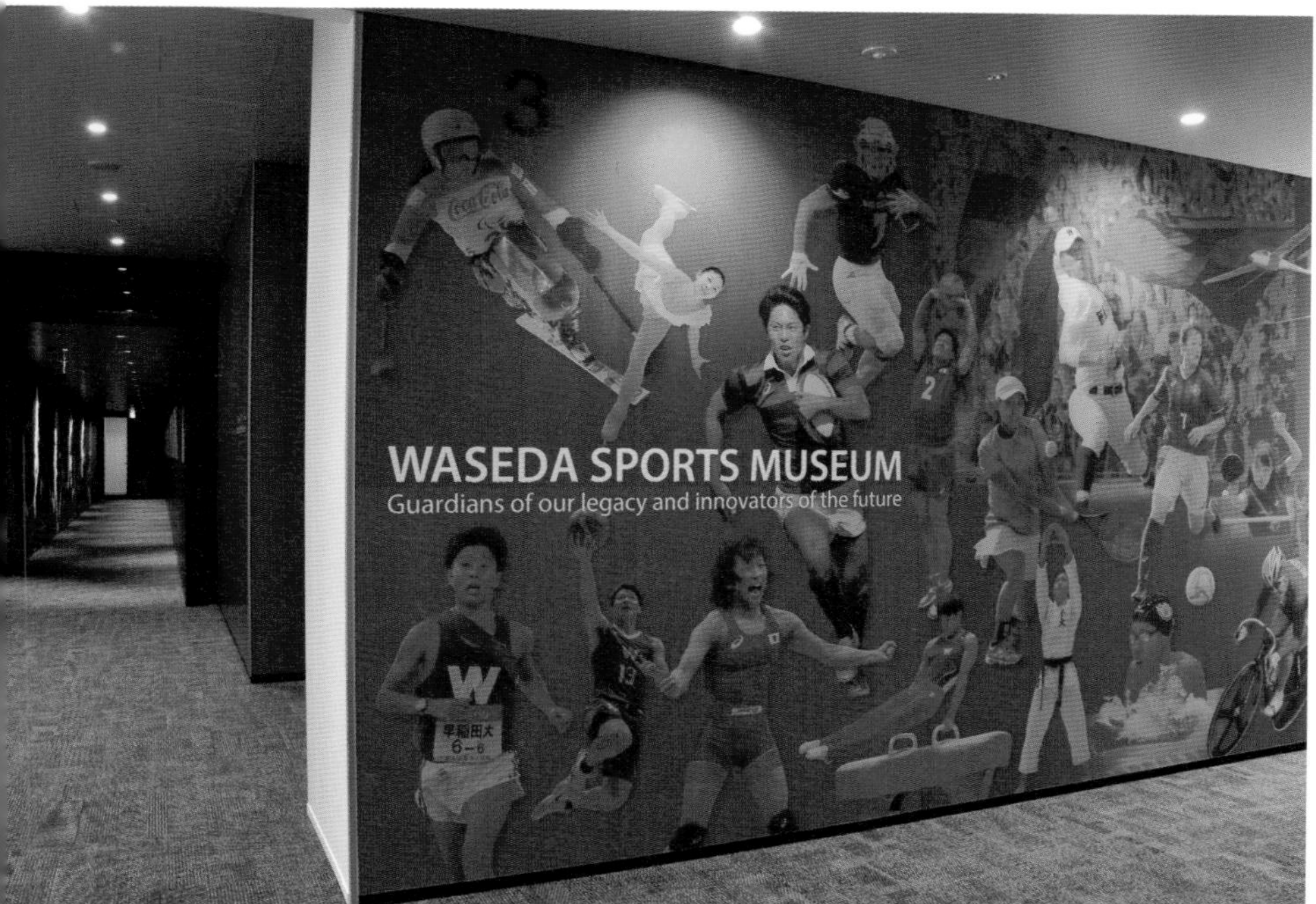

早稲田大学
坪内博士記念演劇博物館

研究者から映画ファンまで
人々が集う演劇専門博物館

早稲田大学坪内博士記念演劇博物館

住所：東京都新宿区西早稲田1-6-1 早稲田大学早稲田キャンパス5号館
電話：03-5286-1829 開館時間：10:00〜17:00（火・金曜日は19:00まで） 休館日：HPをご確認ください。 入館料：無料
HP：https://www.waseda.jp/enpaku/
アクセス：東京メトロ東西線「早稲田」駅（3aまたは3b出口）徒歩7分、都電荒川線「早稲田」駅 徒歩5分、JR山手線・西武新宿線「高田馬場」駅より都営バス「早大正門」行 終点下車 徒歩2分

地下鉄早稲田駅のホームには早稲田大学の文化施設６館の広告がある。大学が文化施設の一般公開に尽力しているのが感じられ嬉しい。早稲田でいちばん歴史のある博物館が１９２８年に開館した演劇博物館、通称演博（エンパク）。坪内逍遙の古稀と半生を傾倒した「シェークス

ピヤ全集」全40巻の翻訳が完成したのを記念し、坪内自身の発案でエリザベス朝時代、16世紀の劇場「フォーチュン座」をモデルに今井兼次らが設計した。建物は新宿区有形文化財に指定され、木の温もりのある館内は懐かしい雰囲気に溢れている。特に逍遙の干支にちなんだ羊が天井に装飾された逍遙記念室は、まるで時が止まったかのように感じられる。

日本と世界の演劇と映像関連資料のコレクションは約百万点におよぶ膨大なもので、浮世絵、舞台写真、衣装、能面、民俗資料など幅広く、常設展や企画展・特別展で公開されている。新収蔵品展で新しい資料に出会い、春と秋に開催される企画展の様々なテーマが楽しい。1階の図書室は学外の方の閲覧も可能（要身分証、資料により閲覧方法が異なるので事前に確認）。

The Waseda International House of Literature
The Haruki Murakami Library

文

044

早稲田大学国際文学館
村上春樹ライブラリー

カフェで再読した小説から
新しい声が聞こえてくる

早稲田大学国際文学館
村上春樹ライブラリー

住所：東京都新宿区西早稲田1-6-1 早稲田大学早稲田キャンパス4号館
電話：03-3204-4614
開館時間：10:00～17:00
休館日：水曜日ほか
入館料：無料 ※要事前予約（一部当日受付可。地下1階のカフェのみの利用は予約不要）
HP：https://www.waseda.jp/culture/wihl/
アクセス：東京メトロ東西線「早稲田」駅（3aまたは3b出口）徒歩7分、都電荒川線「早稲田」駅 徒歩5分、JR山手線・西武新宿線「高田馬場」駅より都営バス「早大正門」行 終点下車 徒歩2分

早稲田大学出身の小説家、村上春樹氏より寄託・寄贈された資料やレコードなどを収蔵し、２０２１年の開館以来、東京の新名所として多くの人が訪れている。「物語を拓こう、心を語ろう」というコンセプトを掲げ、村上春樹文学・国際文学・翻訳文学の研究拠点を目指す。また、年二回企画展を実施している。村上春樹作品を含め、閲覧可能な多くの本を備えたギャラリーラウンジや在学生が運営を担うカフェがあり、本棚や椅子、ピアノなど村上氏ゆかりの品もあるのがファンには嬉しい。文学館は村上氏が学生時代に通いつめた演劇博物館に隣接していて、設置場所にも深い意図が読み取れそうだ。清新な雰囲気に満ちた空間であるこの建物は４号館を改修したもので、早稲田大学特命教授の建築家・隈研吾氏が設計している。

本庄早稲田の杜ミュージアム

オオタカが棲む森のそばで古代の謎と向き合う場所

本庄早稲田の杜ミュージアム

住所：埼玉県本庄市西富田1011早稲田リサーチパーク・コミュニケーションセンター（早稲田大学93号館）1階　電話：0495-71-6878
開館時間：9:00～16:30
休館日：月曜日（祝日の場合は翌日）
入館料：無料
HP：https://www.hwmm.jp/
アクセス：
JR上越・北陸新幹線「本庄早稲田」駅南口 徒歩3分、JR高崎線「本庄」駅から はにぽんシャトル（所要時間13分）「本庄早稲田駅北口」下車 徒歩5分または本庄駅からタクシー10分

埼玉県本庄市と早稲田大学が共同で2020年に開設。本庄市と大学が所蔵する豊富な文化資源を活用した展示を行う。本庄市の展示では、前の山古墳から出土したユーモラスな盾持人物埴輪が特に有名でまるで笑っているような姿は見飽きない。多種多様な埴輪や美しい装飾のある縄文土器の深鉢が人気だが、とても謎を秘めた展示品として全国唯一の完形品のガラス小玉鋳型がある。一見地味だが何故これだけが砕かれずに残ったのか、考えてみると不思議だ。早稲田大学展示室では定期的に企画展を開催し、オセアニア民族造形美術品など貴重な文化財を最新の研究成果と共に公開している。スケールの大きい施設で初めて見ると迫力がある。ここは無料駐車場があるので、ドライブの目的地としてもおすすめである。

軽井沢美術文化学院 ルヴァン美術館

食もアートも味わえる 爽やかな雰囲気の美術館

軽井沢美術文化学院
ルヴァン美術館

住所：長野県北佐久郡軽井沢町長倉957-10
電話：0267-46-1911　開館時間：10:00～17:00時　6月初旬から11月初旬まで開館　休館日：水曜休　8月1日～9月15日無休　入館料：有料（大人800円　大・高600円　中・小400円）
HP：https://www.levent.or.jp/
アクセス：JR北陸新幹線「軽井沢駅」下車　車で7kmまたは、乗り継ぎ、しなの鉄道「中軽井沢駅」下車、車で3km　＊両駅より町内循環バス運行「杉瓜」下車　徒歩2分　上信越自動車道「碓氷・軽井沢IC」より12km軽井沢バイパス18号「鳥井原」交差点（歩道橋）より杉瓜方向へ1.5km
駐車場　40台収容

大正自由教育の中でも異色の校風で知られた文化学院は西村伊作が１９２１年に千代田区駿河台で創立し２０１８年３月、惜しまれながら閉校となった。軽井沢は伊作が与謝野晶子、寛夫妻、石井柏亭らと新しい学校の構想を語り合った場所で、ルヴァン美術館の建物は伊作が設計した英国コテージ風の文化学院の最初の校舎をほぼ再現したもの。

展示室では美術や文学、演劇など多方面の教育を行った文化学院の歴史と西村伊作について紹介。コレクションには学院で教えていた画家たちの作品などがあり、著名な芸術家たちがこの学校に集っていたことが感慨深い。毎年一度、いろいろなテーマによる企画展を開催しており、浅間山を望む開放的な庭園を眺めながらカフェで味わう美味しいランチやお茶は最高。

理 文

東京藝術大学大学美術館

130年を超える歴史の中の誰もが知る名品に会いに行く

東京藝術大学大学美術館

住所：東京都台東区上野公園12-8
電話：050-5541-8600（ハローダイヤル）
入館料：無料もしくは有料（展覧会により異なる）
開館日時等はHPまで
HP：https://museum.geidai.ac.jp
アクセス：JR上野駅（公園口）、東京メトロ千代田線根津駅（1番出口）より徒歩10分　京成上野駅（正面口）、東京メトロ日比谷線、銀座線上野駅（7番出口）より徒歩15分

大勢の人で賑わう上野公園の美術館の中でも話題を集めている大学美術館。１８８７年の東京美術学校設置前から芸術資料を収集し、国宝や重要文化財を含む３万件余りの収蔵品がある。展覧会の会期中のみ開館するシステムだが藝大コレクションを公開する展覧会に何年も通っていると『悲母観音』『鮭』『序の舞』『一葉』といった名作を目にできて、本物の凄さを知る喜びがある。近年ＳＮＳで話題を呼ぶ卒業・修了作品展や博士審査展、教員の退任記念展もファンが多い。美術館本館は１９９９年竣工で六角鬼丈の設計。螺旋状の階段や眩しい光の入るエントランスなど、建物そのものも作品で、館内のカフェも人気。キャンパスにはアートを買うという冒険を楽しめる藝大アートプラザがあるので訪れてみたい。

武蔵野美術大学 美術館・図書館

美術作品が際立つ空間でアートの最前線に対峙する

武蔵野美術大学 美術館・図書館

住所：東京都小平市小川町1-736
電話：042-342-6003
開館時間：11:00 - 19:00（土・日曜日・祝日は10:00 - 17:00） 休館日：水曜日 入館料：無料
HP：https://mauml.musabi.ac.jp
アクセス：西武国分寺線「鷹の台」駅下車、徒歩18分 JR中央線「国分寺」駅下車すぐ、「国分寺駅北口」4番停留所よりバスで約25分 JR中央線「立川」駅下車すぐ、「立川駅北口」5番停留所よりバスで約25分

建物自体が素晴らしい存在感を持つムサビの美術館・図書館。１９６７年に竣工した建物は当時の建築学科初代主任教授の芦原義信の設計で、美術資料を保存展示する美術館と図書館の機能を一体化させた画期的な施設。１９７７年の増築は保坂陽一郎、２０１０年に「美術館・図書館」と改称後、２０１１年の改修を藤本壮介が担当。天井まで吹き抜ける巨大な空間と各フロアを結ぶ斜路が印象的で、日本を代表する建築家たちの仕事を細部まで見てみたい。年間を通して8回程度の展覧会を開催し、大学のコレクションである美術作品を活用した展覧会や卒業・修了制作優秀作品展、長い歴史のある助教・助手展などを独特な空間で楽しむことができる。同館の代表的な収蔵品である近代椅子コレクションも「椅子ギャラリー」として収蔵展示されている。

武蔵野美術大学 美術館・図書館 外観

椅子ギャラリー

「令和3年度 武蔵野美術大学 卒業・修了制作 優秀作品展」（2022年）
会場風景 撮影：稲口俊太

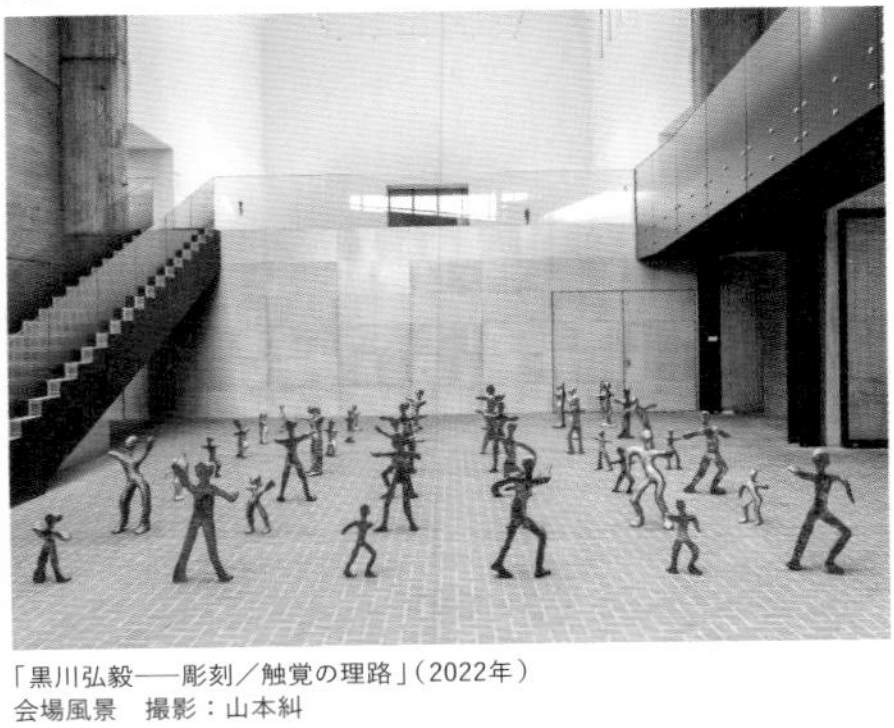

「黒川弘毅――彫刻／触覚の理路」（2022年）
会場風景 撮影：山本糾

武蔵野美術大学 美術館・図書館 民俗資料室

現在では失われたモノが 時代を超えて語りかける

武蔵野美術大学
美術館・図書館 民俗資料室

住所：東京都小平市小川町1-736
電話：042-342-6006
開館時間：収蔵庫見学の受付は毎週火曜日・木曜日（授業期間中）10:00～16:30
休館日：土・日曜日・祝日　入館料：無料
HP：https://mauml.musabi.ac.jp/folkart
アクセス：西武国分寺線「鷹の台」駅下車、徒歩18分　JR中央線「国分寺」駅下車すぐ、「国分寺駅北口」4番停留所よりバスで約25分　JR中央線「立川」駅下車すぐ「立川駅北口」5番停留所よりバスで約25分

新しい角度からの研究によって光りが当たる民俗学の一大コレクションがムサビに存在する。全国を歩くフィールドワークで著名な民俗学者・宮本常一は1965年に武蔵野美術大学教授となり、民俗学・生活史・文化人類学の講義を担当し、生活文化研究会の活動で学生と共に日本全国の民俗資料を収集した。その活動の成果に加え、宮本が所長であった日本観光文化研究所の資料、写真家の薗部澄が収集した郷土玩具などを合わせた約9万点の道具（民具）を収蔵。資料は年一回程度の民具の造形と発想に着目した企画展と収蔵庫の見学という形で一般公開。テーマごとに機能分類された収蔵庫で実物資料を見ると、時代の移り変わりによってモノが変化していくさまと、生活の中で生まれた作り手たちの豊かな発想を見て取ることができる。

民俗資料室ギャラリー展示30「民具のデザイン図鑑」（2022年）会場風景　撮影：鈴木静華

文化学園服飾博物館

“衣”を通して日本と世界の文化を知る

日本と世界の衣服や染織品など多彩なコレクションを収集し、華やかな展覧会を開催して訪れるひとの気持ちを明るくしてくれる都心のパワースポット。女性を中心としたリピーターが多いことでも知られている。

日本のファッションをリードしてきた文化学園の服飾教育と研究を目的として収集されたコレクションは日本の宮廷装束、世界各国の民族衣装、ヨーロッパの歴史を彩ってきたドレスなどの所蔵品を中心とした構成で年4回ほどの企画展が行われる。テーマによっては服飾の文化史から日本と世界の歴史を鮮やかに分析していく展示やデザインにおける伝統文化のアレンジの問題性を提起するなど最新の研究成果の発信の場所としても機能している。館内は貴重で美しい衣服資料を魅せるためのゆったりとした空間として設計され

ていて、ケース内のドレスの後ろ姿が見られるように鏡を置くことがあるなど工夫を凝らした展示は何度見に行っても飽きさせない。

時にはファッションを学ぶ学生たちが真剣な表情でメモをとっていたり、スタイリッシュな着こなしの来館者で賑わったりする、街に開かれたキャンパスの顔である。

文化学園服飾博物館

住所　東京都渋谷区代々木3-22-7　新宿文化クイントビル
電話：03-3299-2387
開館時間：10:00〜16:30（入館は16:00まで）
休館日：日曜日、祝日、振替休日、夏期・年末の一定期間、展示替え期間、6月23日
入館料：有料（一般 500円）
HP：https://museum.bunka.ac.jp
アクセス：JR・京王線・小田急線 新宿駅（南口）より徒歩7分
都営地下鉄新宿線・大江戸線 新宿駅（新都心口）より徒歩4分

東京家政大学博物館

自律した女性たちの手仕事の記憶を伝える

東京家政大学博物館

住所：東京都板橋区加賀1-18-1 東京家政大学板橋キャンパス内
電話：03-3961-2918
開館時間：10：00〜16：30
休館日：日曜・祝日など
入館料：無料
HP：https://www.tokyo-kasei.ac.jp/academics/museum/
アクセス：JR埼京線　十条駅より徒歩5分
都営三田線　新板橋駅より徒歩12分

近年注目される裁縫雛形の研究と発信を積極的に行っている。裁縫雛形《さいほうひながた》は東京家政大学の校祖、渡邊辰五郎が考案した裁縫教授法のひとつ。明治から昭和にかけて製作された衣服や生活用品のミニチュアで、博物館が収蔵する裁縫雛形から２２９０点が61点の教具類や製作用具(附《つけたり》)と共に重要有形民俗文化財に指定されている。裁縫雛形は「小さくて可愛い」といわれてしまうが、それだけではない歴史的価値と、製作した当時の女性たちの熱意をぜひ感じてほしい。

　常設展示では大学や附属の中高、幼稚園などを擁する渡辺学園の歴史を紹介。卒業生たちが地元で多くの学校を創立したことに驚く。食や服飾関連の展示など在学生の参考になるよう工夫され、収蔵品を活用した展示替えがあるので毎年訪れる見学者が多い。

武蔵野音楽大学
楽器ミュージアム

住所：東京都練馬区羽沢1-13-1　電話：03-3992-1410　開館時間：火・水・第二土曜日12:00〜16:00　休館日：日・月・木・金・第二土曜日以外の土曜日・祝日・学園休暇中　入館料：有料（大人500円・小学生300円）
HP：www.musashino-music.ac.jp
アクセス：西武池袋線「江古田駅」北口下車・キャンパスまで徒歩5分　西武有楽町線「新桜台駅」下車④出口・キャンパスまで徒歩5分　東京メトロ有楽町線「小竹向原駅」下車②出口・キャンパスまで徒歩11分

武蔵野音楽大学楽器ミュージアム

美しさも合わせ持つ日本と世界の楽器たち

２０２１年にリニューアルオープンしたミュージアムは全国から熱心な観客が来館している。１９６７年に邦楽器研究家、水野佐平氏から歴史的なコレクションが寄贈されたことを機に開館し、西洋楽器の歴史資料、日本の伝統楽器、世界各地の民族楽器、エジソンの蝋管機やオルゴールなど５７００点を超える。館内は四つのジャンルごとの展示室に分かれ、音楽の知識が少なくても楽しむことができる。鍵盤楽器展示室はナポレオンⅢ世ゆかりのピアノやクララ・シューマンに献呈されたピアノなど有名なものが並ぶ中に、音楽を表現した絵画が飾られ、まるで欧州の美術館に来たような雰囲気がある。人目を惹くユニークなアジアの民族楽器、サヌカイト製楽器、多様なマリンバや指揮棒など足を止めるものがたくさんあり、充実している。

台東区立旧東京音楽学校奏楽堂

時代を超えて数々の演奏がいまも響く歴史的ホール

旧奏楽堂は東京藝術大学音楽学部の前身である東京音楽学校の講堂兼音楽ホールとして1890年に建築され、その後紆余曲折を経て1983年に台東区が藝大から建物を譲り受け、1987年現在の上野公園内の場所に移築復原された。1988年には日本最古の洋式音楽ホールを擁する校舎として国指定重要文化財となった。敷地内にはこのホールでピアノを弾いた瀧廉太郎の銅像があり、彫刻家の朝倉文夫は瀧と同郷で彼の面影を偲んで製作したという。

かつて山田耕筰が歌曲を歌い、三浦環が日本人による初のオペラ公演でデビューするなど、この舞台から日本を代表する音楽家が数多く巣立っていった。今日も東京藝術大学音楽学部学生及び院生によるコンサートや日本歌曲コンクールなどさまざま

な公演が開催されており、西洋への憧れを感じさせる歴史的な空間の中で鑑賞する音楽は格別な味わいがある。

舞台正面の日本最古のコンサート用パイプオルガンも修理復原されて人気がある。音楽と建築の両面から楽しむことができる、現在も大勢の人が集まる貴重な文化財だ。

台東区立旧東京音楽学校奏楽堂

住所：東京都台東区上野公園8−43
電話：03−3824−1988
開館時間：日・火・水曜日（木・金・土曜日はホール使用のない場合公開）　午前9：30〜午後4時30分（最終入館は午後4時まで）
休館日：月曜日（祝日の場合は翌平日休館）
入館料有料（一般300円、小・中・高校生100円）
HP：https://www.taitocity.net/zaidan/sougakudou/
アクセス：JR上野駅から徒歩10分、東京メトロ銀座線・日比谷線上野駅から徒歩15分、京成上野駅から徒歩15分

国立音楽大学 楽器学資料館

世界の楽器に、ワクワク！ 見て触れて聴いて学ぶ

国立音楽大学楽器学資料館

住所：東京都立川市柏町5-5-1
電話：042-535-9574（平日8:45〜17:00）
入館料：無料
開館日時等はHPまで（基本的に毎週水曜日9:30〜16:30に展示室を公開）
HP：https://www.gs.kunitachi.ac.jp/
アクセス：玉川上水駅（西武拝島線／多摩モノレール）より徒歩8分

明るい雰囲気で気軽に入りやすく、毎週水曜日の展示室公開日を楽しみにしている一般の見学者も多い。２０１７年にリニューアルされ、楽器の講座やレクチャーコンサートなども行われているので、資料館ウェブサイトをぜひ確認してほしい。館名に楽器学とあるように、音の出る仕組みや構造を学べる工夫がしてある。体鳴、膜鳴、弦鳴、気鳴といった楽器分類を採用しているのもそのひとつ。２５５０点を超える所蔵楽器のうち約３００点を見学することができ、クラヴィコードやハープシコードなど古色溢れる優雅な鍵盤楽器は音を出すこともできる。これは果たして楽器なのだろうか、と考え込んでしまう世界の民族楽器も展示されていて、気になるものを所蔵楽器データベースで調べてみると、さらに知識が広がっていく。

大妻女子大学博物館

大妻の歴史を伝える
夫妻と女学生が生きた証

大妻女子大学博物館

住所：東京都千代田区三番町12　図書館棟 地下1階　電話：03-5275-5739　開館時間：10：00～16：30　休館日：土曜日・日曜日・祝祭日・年末年始・学校記念日（11月20日）。その他、本学の休業期間。　入館料：無料
HP：https://www.museum.otsuma.ac.jp/
アクセス：JR総武線市ケ谷駅下車徒歩10分　都営新宿線、東京メトロ有楽町線・南北線市ヶ谷駅（A3出口）下車徒歩5分　東京メトロ半蔵門線半蔵門駅（5番出口）下車徒歩7分　※千代田区立九段小学校の道路を挟んで向かい側。図書館棟1階入口の右側にあるエレベーターで地下1階にお越し下さい

大妻学院は１９０８年に大妻コタカが開いた裁縫・手芸の私塾から始まり、夫の良馬と協力し、女子教育に人生を捧げ、学校を発展させた。今日ではそのパートナーシップが注目されるようになったことが博物館の発信から感じられる。展示の柱は、私財を全て学院に寄付していたコタカが戦後の１９４７年から亡くなるまでの約23年を過ごした旧居室。支持者に建ててもらった居宅の一部を復元移築したもので、その昭和の趣がとても懐かしく感じられる。コタカの旧居跡は校舎本館裏手の「つまっこ広場」として静かに息づいている。本館にコタカが愛した猫たちがデザインされているのも楽しい。キャンパスのそばには東郷公園があり、昭和４年に東郷平八郎が学院を訪れた映像が近年発掘され、館内で公開されている。

文

Nemunoki Gakuen 056

ねむの木学園
吉行淳之介文学館
ねむの木こども美術館

いつまでもいたくなる森の中のやさしい村

１９６８年に日本初の肢体不自由児養護施設であるねむの木学園を創った宮城まり子は２０２０年３月21日、満93歳の誕生日に世を去った。まり子さんをおかあさんと呼ぶ、吉行淳之介文学館の本目俊光館長とねむの木こども美術館の本目力館長は、「天国に行ったおかあさんは、絵やお茶など、ひとりひとりの才能をのばすということを大切にしました。おかあさんの気持ちを伝えていきたい。文学館では宮城まり子の人生を記念して、身の回りのものを飾る第４展示室をオープンしました」とお二人は語る。まり子の人生のパートナーであった作家・吉行淳之介の生涯と作品を紹介する文学館の第４展示室はまり子がずっと手元に置いていたガラス工芸品や絵画、業績への表彰状などが聖堂のような静謐な雰囲気の中で穏やかに息づいてい

る。吉行を撮影した数々の肖像写真は日本を代表する写真家たちが勢揃いし、彼がダンディな被写体として魅力的であったことを伝える。

　こども美術館「どんぐり」は白い空間の中に自由に描かれた園生たちの鮮やかな色彩の絵が展示され、ゆったりとした時間を過ごすことができる。

ねむの木学園　ねむの木村
吉行淳之介文学館
ねむの木子ども美術館　どんぐり
ねむの木子ども美術館　緑の中

住所：静岡県掛川市上垂木あかしあ通り　電話：0537-26-3900（代表）　開館時間：10:00〜17:00（16:30までの入館）ただし、緑の中は自然光の為日没まで　休館日：年末年始　入館料：有料（いろいろなパターンがあるのでHPをご覧ください）

HP：https://www.nemunoki.or.jp

アクセス：

お車：東名高速道路　掛川ICから約20分もしくは新東名高速道路森掛川ICから15分　バス：東海道新幹線　掛川駅北口からねむの木美術館行き（どんぐりまで）約20分

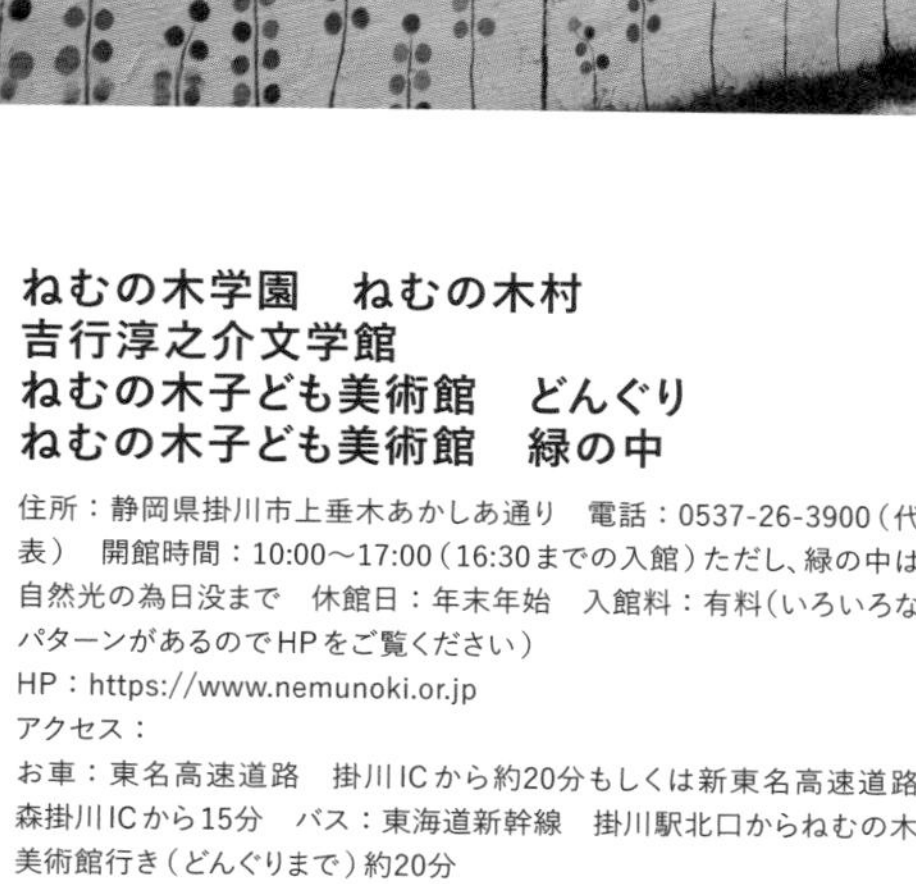

大東文化大学
ビアトリクス・ポター™ 資料館

ヒルトップの屋根裏に迷い込んだ
かわいい猫も探してみよう

緑豊かな動物公園の中で、ピーターラビット™の絵本の世界を心ゆくまで楽しむことができる。大東文化大学のビアトリクス・ポター蔵書コレクションは世界的にも傑出していて1902年に出版された『ピーターラビットのおはなし』の初版4種類の装丁すべてと白黒の挿絵の貴重な私家版を含めシリーズの24冊の初版をコンプリート。ポターによる水彩画、鉛筆デッサン、手紙などの展示もあり、2006年の開館後も資料の収集は続いており、1904年頃に描かれた水彩画「おしゃれなテンジクネズミ」を見たことがない方はぜひ見てほしい。

ポターが暮らした農場のヒルトップ・ハウスの外観を再現した資料館は時を経て少しずつ風味を増し、周囲の自然に溶け込んできた。彼女は英国の湖水地方の美しい自然を守るために印

税で土地を買い続け、今も続くナショナル・トラストの支えとなり、版権登録をして自らキャラクターグッズを制作するなど先進的な発想を持つ女性であった。ナショナル・トラスト関連資料の蒐集も資料館の使命という。この場所を訪れるたびに、楽しさだけでなく学びもある。

大東文化大学
ビアトリクス・ポター™ 資料館

住所：埼玉県東松山市岩殿554（埼玉県こども動物自然公園内）
電話：0493-35-1267
開館時間：9:30-17:00（冬季は16:30まで）入館券の発売は、開館時間の1時間前まで。 休館日：月曜（月曜が休日の場合は開館） 年末年始・メンテナンス休館（9月上旬） 入館料：有料（大人200円／子供100円）未就学児、65歳以上の方、障碍者手帳をお持ちの方は無料 ※別途埼玉県こども動物自然公園への入園料がかかります。詳しくは動物園HPをご覧ください。 HP：https://www.daito.ac.jp/potter/
アクセス：電車をご利用の場合　東武東上線高坂駅下車徒歩30分　川越観光バス鳩山ニュータウン行き、こども動物自然公園前下車1分。
お車をご利用の場合　関越自動車東松山ICから約5km。

日本女子大学
成瀬記念館

日本の教育と思想の発展に大きな影響を与えた生き方

日本女子大学成瀬記念館

住所：東京都文京区目白台2-8-1
電話：03-5981-3376
開館時間：10:00～16:30（土曜日は12:00まで）
休館日：日・月曜日、祝休日、展示替期間中および大学の休日　入館料：無料
HP：https://www.jwu.ac.jp/unv/about/naruse_memorial/index.html
アクセス：JR目白駅より徒歩15分または都営バス日本女子大学前　地下鉄副都心線雑司が谷駅より徒歩8分　地下鉄有楽町線護国寺駅より徒歩10分

1901年に日本の私学では初めての規模の女子高等教育機関として日本女子大学校が誕生。記念館では日本の教育史に名を刻む創立者成瀬仁蔵の生涯と業績を遺品や資料をもとに紹介し、大学の歴史やゆかりある人物に関する企画展も行っている。展示された資料から渋沢栄一、広岡浅子ら近年話題を集めた著名人が日本女子大学の発展に大きく寄与していたことがうかがえて、関心が広がっていく。

赤煉瓦のロマネスク調の建物は、多彩なアートが融合した施設。倉敷アイビースクエアなどを手掛けた浦辺鎮太郎の設計に、作野旦平の格調高いフレスコ画とステンドグラスが美しく、入口から階段を上るとロシア人女性彫刻家チェレミシノフによる成瀬仁蔵の胸像が出迎えてくれて、卒業生の人気を集めている。

理 文 Japan Women's University 059

日本女子大学
成瀬記念館分館

創立者の息遣いを感じる多くの名士が訪れた家

モダンな成瀬記念館隣の古風な家屋は、１９０１年に教師館として建てられ、成瀬仁蔵が１９１９年に60歳で没するまで居住した由緒ある建物。以前はキャンパス奥の静かな場所で大切に保存されていたが、不忍通りの拡幅に伴い、調査と移築作業を経て、２０１７年に一般公開を開始。高村光太郎の『自作肖像漫談』に書かれた、成瀬仁蔵が臨終を迎えたベッドや愛用の椅子が残り、往時の面影が偲ばれる。

住所：東京都文京区目白台2-8-1
電話：03-5981-3376（成瀬記念館）
開館日時等は成瀬記念館HPをご覧ください　入館料：無料
HP：https://www.jwu.ac.jp/unv/about/naruse_memorial/index.html
アクセス：JR目白駅より徒歩15分または都営バス日本女子大学前　地下鉄副都心線雑司が谷駅より徒歩8分　地下鉄有楽町線護国寺駅より徒歩10分

理 文 Gakushuin University 060

学習院大学史料館

歴史ある風雅なキャンパスで新しいミュージアムを待つ

史料館では長い歴史で知られる学習院にゆかりのある皇族や華族、大名や近代から現代にいたる学習院関係者史料など13万点を収蔵しており、さまざまな企画展に活用されている。自然が残る都会のオアシスである目白キャンパスには風格ある校舎が現存しており7棟が国登録有形文化財に指定されている。なお学習院大学史料館は令和7年春に「霞会館記念学習院ミュージアム」としてオープン予定。

住所：東京都豊島区目白1-5-1
電話：03-5992-1173（直）
開館時間：平日9:30〜17:30（11:30〜12:30は閉室）、土曜9:30〜12:30
休館日：日祝、開学記念日（5月15日）、開院記念日（10月17日）、大学入試期間（2月頃）、年末年始、夏期休館など
入館料：無料
HP：https://www.gakushuin.ac.jp/univ/ua/
アクセス：JR山手線目白駅下車徒歩1分＋学習院大学西門より徒歩4分、東京メトロ副都心線雑司が谷駅下車徒歩6分＋学習院大学正門より徒歩1分

聖徳大学
聖徳博物館

住所：千葉県松戸市岩瀬550
電話：047-365-1111（大代表）
開館時間：9：00-17：00
休館日：日曜日・祝日・学事日程による休業日
入館料：無料
HP：https://www.seitoku.jp/lib/newhp/seitokumuseum/index-museum.html
アクセス：JR常磐線・JR上野東京ライン・JR乗り入れ地下鉄千代田線・新京成線松戸駅下車 徒歩5分　＊お車でのご来場はご遠慮ください。

聖徳大学
聖徳博物館

「聖徳学園は壁画の園」
学校全体が大きなギャラリー

聖徳博物館は平成21年に学園創立75周年記念事業の一環として開館した聖徳大学川並弘昭記念図書館8階に開館。「不思議の国のアリス」や「ピーターラビット」の初版本をはじめとした幼児教育、女性教育の貴重学術資料の様々な企画展を開催。図書館への外部からの出入り口となる5階のインパクトある壁画「若さ」は利根山光人の大作。創立者・川並香順の教育環境の整備理念に共感し、学園で教鞭をとっていた利根山は芸術的な側面からも支援を続け、学内の施設に数々の作品を残した。

8号館1階には建学の精神の「和」を伝え、学園史を紹介する聖徳学園建学記念館がある。キャンパスの中央広場には流政之の巨大モニュメント「PACHI PACHI」があり、彫刻や絵画など本物の芸術にふれられる環境が整っている。

駒澤大学
禅文化歴史博物館

都心のキャンパスの中で
禅の精神にふれる

駒澤大学
禅文化歴史博物館

住所：東京都世田谷区駒沢1-23-1 駒澤大学キャンパス内　電話：03-3418-9610
開館時間：平日10:00-16:30（入館は閉館15分前まで）　休館日：土・日・祝　その他大学の定める休業日　入館料：無料
HP：https://www.komazawa-u.ac.jp/facilities/museum/
アクセス：東急田園都市線駒沢大学駅徒歩10分

仏教の教えと曹洞宗の禅の精神を建学の理念とする駒澤大学の静謐な空間で、大学がもつ貴重な資料の公開施設として多くの方に来てもらう工夫を凝らして活動中。１９２８年に図書館として建てられた東京都選定歴史的建造物「耕雲館」を保存・活用。重厚な外観と天井の鮮やかなステンドグラスから光が入る構造が素晴らしい。1階に安置されている須弥壇の一仏両祖の尊像に来館者がごく自然に合掌する姿がよく見られる。常設展示は禅の歴史と文化を辿る５つの展示室で構成され、道元禅師の『正法眼蔵』、瑩山禅師の『伝光録』を通して曹洞禅の思想に触れる空間で足を止める方も多い。仏教美術品の名品に出会えるのも魅力である。さまざまな企画展や学芸員課程を受講する学生による展示もぜひ見ておきたい。

文

Jiyu Gakuen Myonichikan　063

自由学園明日館

美しく貴重な建物を楽しみながら守り続ける

自由学園明日館のファンが次第に増えている。フランク・ロイド・ライトの素晴らしい建築が生み出した空間を動態保存する、国の重要文化財の明日館では、同館主催の公開講座をはじめ、食堂やホールでのパーティー、講堂での結婚式、コンサート、展示会などさまざまな施設利用がされ、建物の魅力を伝えている。

婦人之友社を起こした羽仁もと子・吉一夫妻が１９２１年４月に開校した自由学園の校舎は、13年後に生徒数の増加により東久留米に移転してからは卒業生の諸活動の拠点として使われた。奇跡的に空襲で焼けなかった戦後は自由学園生活学校の校舎として使われたが、建物の老朽化で閉校になってからは売却や賃貸施設の建設も考えられていたと、館内の「ライト・ミニ・ミュージアム」の展示で知ると、明

日館に人々が集って使いながら保存していくことの意義を強く感じる。喫茶付見学を選び、２階食堂でお茶を飲みながら、文化財を守る一助について考えてみたい。自由学園の教育から生まれ、卒業生によって営まれてきた有名な工芸品やクッキーなどを販売するＪＭショップも根強い人気がある。

自由学園明日館

住所：東京都豊島区西池袋2-31-3
電話：03-3971-7535
開館時間：10:00〜16：00
休館日：月曜（祝日の際は翌平日）・不定休有、要事前確認
入館料：有料（500円）
HP：https://jiyu.jp/
アクセス：JR池袋駅メトロポリタン口　徒歩5分、JR目白駅　徒歩7分

明治学院記念館
明治学院礼拝堂（チャペル）
明治学院インブリー館

100年を超えて愛される キャンパスの歴史的建造物

明治学院の白金キャンパスに現存する歴史的建造物の記念館、礼拝堂、インブリー館は正門に近いまとまった一角にあり、洗練された空間を生み出している。その優雅な雰囲気はどの季節に訪れても街中でひときわ映えていて、すっきりした青空の日やクリスマスシーズンの凛々しい佇まいは格別。

1890年竣工の記念館はかつての神学部校舎兼図書館で、煉瓦造りの1階と木造の2階の連繋構造が印象的。1階には歴史資料館展示室があり、1863年にJ・C・ヘボン博士とその夫人クララが開設した「ヘボン塾」をルーツとする明治学院の歴史を、パネルやキャンパスジオラマで紹介している（一般公開・無料）。1916年に落成した礼拝堂はW・M・ヴォーリズの設計。キャンパスの祈りの場として大切にされていて、記念館

とともに、港区指定有形文化財となっている。宣教師館であったインブリー館は１８８９年頃に建てられた貴重なアメリカ木造住宅様式で国の重要文化財。３棟とも建物内に入ることはできないが、外観を見るだけでも素晴らしいので、ぜひ足を運んでみたい。

明治学院歴史資料館展示室

住所：東京都港区白金台1-2-37　電話：03-5421-5170
開室時間：10:00-15:00
休室日：土曜日・日曜日・祝日・明治学院の休日　※臨時休室日があります。　入室料：無料
HP：https://shiryokan.meijigakuin.jp/
アクセス：①品川駅高輪口より都営バス「目黒駅前」行きに乗り、「明治学院前」下車（乗車約6分）※徒歩約17分　②目黒駅東口より都営バス「大井競馬場前」行きに乗り、「明治学院前」下車（乗車約6分）※徒歩約20分　③白金台駅2番出口（白金高輪側 / エレベーター有）より徒歩約7分

国際基督教大学博物館 湯浅八郎記念館

年三回の多様な企画展で民芸品の美を再考察する

国際基督教大学博物館
湯浅八郎記念館

住所：東京都三鷹市大沢3-10-2
電話：0422-33-3340
入館料：無料
開館日時等はHPまで
HP：https://subsites.icu.ac.jp/yuasa_museum/
アクセス：JR中央線三鷹駅南口または武蔵境駅南口より小田急バス「国際基督教大学行」にて終点下車、その後徒歩5分。武蔵境駅からはタクシーで10分、下車後徒歩5分。

戦前戦後に二度同志社総長をつとめ、さらに国際基督教大学初代学長として教育と信仰の道を歩んだ湯浅八郎は、昆虫学者として、また民芸品収集家としても名を残した。大学に寄贈された約6500点の民芸品から約1000点が常設展示され、前川國男設計の、落ち着いた雰囲気の館内でそれぞれの個性的な美しさを見せている。

ICUの敷地は旧石器時代から縄文時代後期までの多くの遺跡が出土していて、発掘された多数の土器や石器などの遺物も展示されている。造形保存された関東ローム層断面標本は迫力満点で、その貴重な様相をじっくり観察したい。近年所蔵品に、ICU構内で保存されている国の登録有形文化財「泰山荘」の一角の「一畳敷」の原寸模型が加わった。精巧な再現で現代の技術者が腕をふるった名品だ。

成蹊学園史料館

住所：東京都武蔵野市吉祥寺北町3-3-1
電話：0422-37-3994　開館時間：9：30～16：30（入館は16：00まで）　休館日：土曜日・日曜日・祝日・学園の定める休業日　入館料：無料
HP：https://www.seikei.ac.jp/gakuen/archive/
アクセス：JR中央線・総武線・東京メトロ東西線・京王井の頭線　吉祥寺駅下車　吉祥寺駅より徒歩約15分　吉祥寺駅北口バスのりば1・2番より 関東バス約5分「成蹊学園前」下車　西武新宿線　西武柳沢駅下車　西武柳沢駅南口より 関東バス（吉祥寺駅行）約15分「成蹊学園前」下車

理　文　Seikei Gakuen Archives Museum　066

成蹊学園史料館

成蹊教育に携わった人々は創立者を含め個性的な面々

創立者・中村春二は人物教育の理想を実現するため1906年に学生塾を開塾、そして1912年に池袋で成蹊実務学校を創立、さらに中学校など全5校に発展後、現在の校地である吉祥寺への移転準備中に享年46歳の若さで世を去った。2015年にリニューアルされた史料館では彼の生涯と独自の教育理念、成蹊学園の歴史などを「中村春二記念室」「学園史展示室」「成蹊教育展示室」という形でわかりやすい展示で紹介しているので、しばらく訪れていない方もぜひ見学してほしい。特に中村春二の肉声が流れる「心力歌・凝念」の体験コーナーは興味深い。成蹊学園の発展に尽力した今村繁三、岩崎小弥太という実業界の大物と中村は高等師範学校附属学校尋常中学科の同窓生であり、若き日の学び舎の絆の強さがうかがえる。

慶應義塾大学
アート・センター

資料が新たな輝きをもつ実験的な展示のスタイル

慶應義塾大学アート・センター

住所：東京都港区三田2-15-45　慶應義塾大学三田キャンパス 南別館　電話：03-5427-1621
開館時間：11：00-18：00（展覧会）※アーカイヴ閲覧についてはお問合せください。 休館日：土日祝日（企画によって臨時開館あり）　入館料：無料　HP：http://www.art-c.keio.ac.jp/
アクセス：・田町駅（JR 山手線／JR 京浜東北線）徒歩 10 分　・三田駅（都営地下鉄浅草線／都営地下鉄三田線）A3出口より 徒歩 8 分　・赤羽橋駅（都営地下鉄大江戸線）赤羽橋口 出口より徒歩 16 分

有元利夫　うたのうまれるところ（2022）　撮影：村松桂（カロワークス）

１９９３年に開設された大学附属の研究機関であるアート・センターは現代社会における芸術活動の役割をテーマに広く活動している。学外の方も入りやすいアート・スペースは45㎡という限られた空間で慶應義塾所蔵の美術作品の紹介展示、現代美術関連の展示や研究成果発表展示、アート・センター所管のアーカイヴに関連する展示等を開催。独自のスタイリッシュな知的空間を創出し、展示資料と時間をかけて対話するように見ている人が多い。展示の記憶が空間に重なるような感触が異質で、ギャラリー、美術館、文学館といったどのジャンルでもくくれないのが魅力的。土方巽、瀧口修造、油井正一、西脇順三郎ほかアート・アーカイヴのコレクションは次第に増えていて、新たな研究成果の公開が楽しみである。

慶應義塾ミュージアム・コモンズ

住所：東京都港区三田2-15-45　慶應義塾大学三田キャンパス 東別館　電話：03-5427-2021
開館時間：11:00–18:00（展覧会期間のみ）※詳しくは HP をご覧ください。 休館日：土日祝日（企画によって臨時開館あり）　入館料：無料
HP：https://kemco.keio.ac.jp/
アクセス：・田町駅(JR 山手線／JR 京浜東北線) 徒歩 8 分　・三田駅（都営地下鉄浅草線／都営地下鉄三田線）A8出口より 徒歩 7 分　・赤羽橋駅（都営地下鉄大江戸線）赤羽橋口 出口より 徒歩 8 分

慶應義塾
ミュージアム・コモンズ

街と直接つながっている
創造的「空き地」の可能性

KeMCo新春展2023 うさぎの潜む空き地 特別企画 鏡花のお気に入りたち　撮影：村松桂（カロワークス）

桜田通りに面したミュージアム・コモンズ（通称ＫｅＭＣｏ／ケムコ）の建物を目にすると、ここにはなにかありそう、という雰囲気が感じられる。２０２１年の開館から慶應義塾が所蔵する美術品や文化財を新しい発想で紹介する展覧会やイベント、記録集の刊行などを行い、センチュリー文化財団から寄贈された美術品や慶應義塾の長い歴史の中で集積された貴重なものが、最新の研究を反映し、現代とつながりをもって構成されるのが面白い。ケムコの「空き地」というコンセプトは自由にさまざまなものや発想を持ち寄り、ここで新しい出会いや交流が生まれるというもので、ケムコ・スタジオを拠点に、専攻の異なる、多様な関心をもつ学生の活動（総称ＫｅＭＣｏＭ／ケムコム）が彼ら主体で行われるなど、今後の展開が期待される。

福澤諭吉記念慶應義塾史展示館

男女同権・両性平等を唱えた
その理念を改めて学びたい

近代日本の黎明期に教育や啓蒙活動、ジャーナリズムや産業育成などさまざまな分野において活躍した福澤諭吉の生涯と、福澤が１８５８年に創設した慶應義塾の歴史を多くの資料と彼自身の言葉によって展示紹介。展示館の入る建物は１９１２年に完成し、図書館として長く親しまれ、関東大震災や空襲での損傷を乗り越えて国の重要文化財となった。空襲で大きく破損した北村四海作の手児奈像や戦後復元されたステンドグラスもそれぞれに物語があり、立ち止まる方も多い。館内の展示コンセプトは日本が西洋から受容した洋学の流れを象徴する線としての「一筆書き」という独特なもの。幕末期に驚くほどのフットワークで海外に三回も渡航し、数々の著作で今も語り継がれる有名なフレーズを作り出した彼の人生は簡単に要約できない。

福澤諭吉記念慶應義塾史展示館

住所：東京都港区三田2-15-45　慶應義塾三田キャンパス内　慶應義塾図書館旧館2階
電話：03-5427-1200
開館時間：10：00〜18：00（入館は17：30まで）
休館日：日曜日・祝日・夏季一斉休暇・年末年始
入館料：無料
HP：https://history.keio.ac.jp/
アクセス：JR田町駅徒歩8分、都営地下鉄三田駅徒歩7分／赤羽橋駅徒歩8分

展示解説は福澤の信念を踏まえたわかりやすい語り口で、時にはユーモアあふれる部分もあり楽しめるものとなっている。体を鍛えるために使った臼と杵や訪米先から持ち帰った日本最古の乳母車など見どころが多く、館内の意匠も気品とセンスがあり、とても居心地が良い。

HOSEIミュージアム提供

文

Hosei University Museum 070

HOSEIミュージアム

実験的コンセプトで始動のネットワーク型大学博物館

HOSEIミュージアム

住所：東京都千代田区九段北3-3-5　九段北校舎1階　電話：03-3264-6501（事務室）　開館時間：10：00〜17：00（入館は16：30まで）　休館日：日曜日、月曜日、祝祭日、大学が定める休日（夏季休業・冬季休業）、入試期間　入館料：無料
HP：https://museum.hosei.ac.jp/
アクセス：【JR】総武線：市ケ谷駅または飯田橋駅（西口）下車徒歩10分　【地下鉄】都営新宿線・東京メトロ有楽町線・南北線：市ヶ谷駅下車徒歩10分　都営大江戸線・東京メトロ東西線・有楽町線・南北線飯田橋駅下車徒歩12分

法政大学創立１４０周年の２０２０年に開設されたミュージアムは大学博物館のイメージを超えた斬新な展開を見せている。九段北校舎にあるミュージアム・コアはその中心で、大学史とテーマによる展示を行うが、実物資料だけでなく来館者自身によるデジタル展示の検索で、法政の歴史とその時代について知識を深めていくという参加型施設になっている。ミュージアムはここから広がり、市ヶ谷キャンパス内のボアソナード・タワー26階における絶景の眺望とともに都市の拡張を実感する空間や外濠校舎６階の大学史パネル展示、特別展示の時にはタワー14階の学芸員課程の博物館展示室も合わせて、独自のスタイルが刺激的。さらに小金井キャンパスにはサテライト小金井があるなど、情報発信活動を続けている。

明治大学
平和教育登戸研究所資料館

秘密戦の歴史を伝える
世界でも稀少な博物館

明治大学生田キャンパスは旧日本陸軍が秘密戦に用いる兵器・資材を研究開発するため設置した登戸研究所の敷地内にある。現在資料館として保存・活用されている建物は登戸研究所の実験棟で当時の姿を可能な限り伝えている。

紆余曲折を経て、２０１０年に資料館が開館。設立に尽力した山田朗館長からは「誰にも話してはいけない戦い、それが秘密戦。戦後も誰も語ろうとしませんでした。日本陸軍の秘密戦のための兵器開発を明らかにします」とうかがった。有名な風船爆弾や偽造紙幣、飲料水確保のための石井式濾水機濾過筒や質感が際立つ動物慰霊碑の写真資料などは要注目。戦後沈黙を続ける研究所関係者が証言するきっかけとなったのが１９８０年代の高校生たちの調査からという事実は特に心に残る。

明治大学平和教育登戸研究所資料館

住所：神奈川県川崎市多摩区東三田1-1-1
電話：044-934-7993
開館時間：10:00～16:00
休館日：日・月・火
入館料：無料
HP：http://www.meiji.ac.jp/noborito/
アクセス：小田急線「生田駅」南口から新宿方向に徒歩約15分、あるいは小田急線「向ヶ丘遊園駅」北口から小田急バス「明大正門前」行で20分、終点下車。

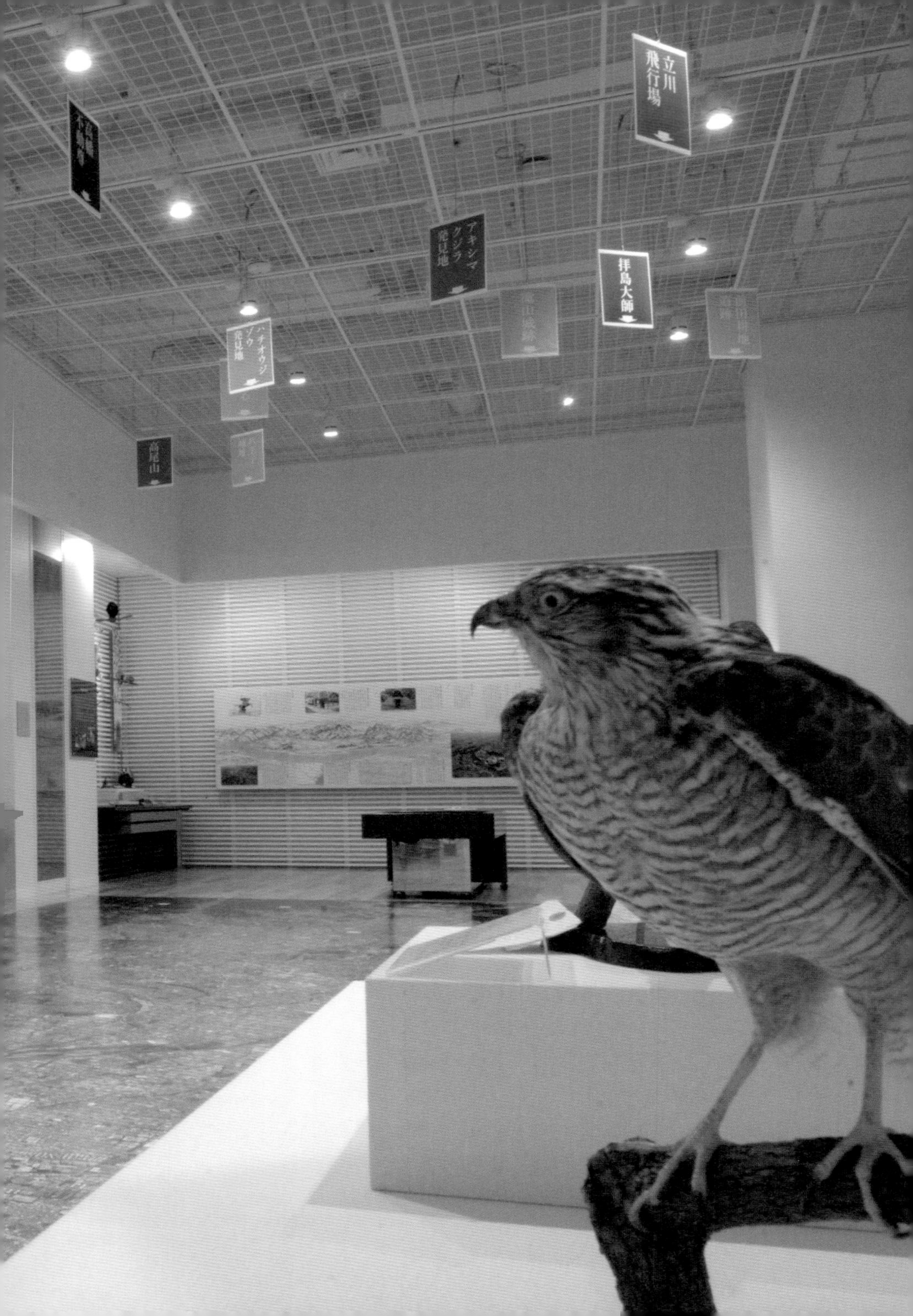
立川飛行場
アキシマクジラ発見地
拝島大師
ハチオウジゾウ発見地
高尾山

帝京大学総合博物館

地域から世界に向けて発信する 大学博物館の新しい展開

この博物館には三駅から出ている直通バスでアクセスするのが楽しい。丘の上にある八王子キャンパスのソラティオスクエアへ、バスが次第に近づいていくと、まさにワクワクする感じがする。

２０１５年に開館した博物館は帝京大学の各学部から発信される研究成果を紹介する一般の方にも好評な企画展、１９３１年に実践的教育を目指して創立された帝京商業学校を起源とする帝京大学の歴史を紹介するアーカイブズ展示、八王子キャンパスのある多摩地域の多様な地形とその自然にまつわる展示という複数の軸があり、総合博物館という名にふさわしい大学博物館である。

ぜひ見てほしい貴重な資料は八王子キャンパスの遺跡から出土した「赤彩球胴甕」。赤く彩られた土器は奈良・平安時代にエミシと呼ばれる人々が住んでいた東北、特に岩手県北上盆地で集中的に発見されており古代のエミシの痕跡が多摩の地から発掘されたことに驚かされる。この土器の研究からエミシの移動をめぐる考察が進んでいくプロセスには実に惹きつけられる。

床一面に広がる航空写真も人気があり、多くの学校施設が集中している多摩地域は文京エリアであることが体感できる。そばで展示されているアナグマやムササビなど地域の動物たちの剥製を見ていると、この生態系を守るためには何が必要なのかと考えるきっかけにもなっている。

強豪校であるラグビー部をはじめとした大学スポーツを顕彰するコーナーは学生たちの活躍の成果の報告で博物館の中でひときわ目立つ。学生たちの研究成果や卒業制作を発表するゼミ

展なども館内で定期的に開催され、さらに八王子キャンパス周辺の歴史や自然などの魅力を学生と大学博物館が一緒に調査してフリーマガジン『ミコタマ』を制作しているように現役の学生との距離感が近いのも特色だ。

以前開催された企画展では先述したエミシの謎に迫る研究や理系の学部の研究成果、学校創立時の歴史を振り返るものなどこの博物館らしい企画となっている。過去の企画展に関連した講演会の動画配信も興味深い。

博物館の入り口には東京藝術大学の卒業制作展で話題になったユニークな現代アートがさりげなく展示されていたり、帝京大学が開発に尽力した人工衛星関連の展示があったりと、常設展も含めて館内は少しずつ常に変わっていくので、何度も訪れてみると、さらに楽しくなるだろう。

帝京大学総合博物館

住所：東京都八王子市大塚359番地　帝京大学八王子キャンパスソラティオスクエア地下1階
電話：042-678-3675
開館時間：9:00～17:00（最終入館は16:30）
休館日：日曜日・祝日・創立記念日・臨時休館日
入館料：無料
HP:　http://www.teikyo.jp/museum/
アクセス:公共交通機関をご利用ください。高幡不動駅・聖蹟桜ヶ丘駅・多摩センター駅から「帝京大学構内」行きのバスが便利です。

Iwasaki Gakuen 073

理 文

岩崎学園 岩崎ミュージアム

港の見える丘公園すぐそば 長く愛される横浜名所

開港期の横浜を思わせる煉瓦造りの外観は、かつてこの地にあった日本初の西洋式劇場ゲーテ座をイメージしている。多彩な企画展を行うギャラリーを併設し、地下にはゲーテ座の名を冠した小ホールがある、服飾とアートのミュージアム。１９２７年に創立された岩崎学園横浜洋裁学院からの伝統をうけ、生活に密着した服飾資料やアンティークな調度品、ミュシャのポスターなどの美術工芸品や旧ゲーテ座関連資料を展示。

住所：神奈川県横浜市中区山手町254　電話：045−623−2111　開館時間：10:00〜17:00　休館日：月曜日（祝日の場合は翌日休）、年末年始　入館料：一般300円、小中学生100円　HP：https://www.iwasaki.ac.jp/museum/　アクセス：みなとみらい線（東急東横線直通）、「元町・中華街駅」6番出口より徒歩5分　JR根岸線「石川町駅」より徒歩13分　横浜市営バス20系統、神奈川中央交通バス11系統、ともに桜木町駅より「港の見える丘公園」停留所下車すぐ

Ochanomizu University 074

理 文

お茶の水女子大学 歴史資料館

社会に貢献した女性たちの 懸命な学びの日々を紹介

（上）大学本館　（下）留学生プラザ

１８７５年、東京女子師範学校として開学して以来の女子高等教育の貴重な資料を収蔵する歴史資料館。１９３２年竣工で風格ある登録有形文化財の大学本館１階の展示室では資料を活用した企画展を開催し研究成果を公開している。近年、以前桜蔭会館にあった歴史資料室で展示されていた資料等を展示するスペースが正門横の国際交流留学生プラザ１階に設置され、より多くの人の目に留まるようになった。

住所：東京都文京区大塚2−1−1　お茶の水女子大学大学本館1階
メール：shiryo@cc.ocha.ac.jp
入館料：無料　開館日時等はHPまで
HP：https://www.lib.ocha.ac.jp/archives/
アクセス：東京メトロ丸ノ内線「茗荷谷」駅より徒歩7分　東京メトロ有楽町線「護国寺」駅より徒歩8分

文 Jissen Women's University 075

実践女子大学
香雪記念資料館

女性画家の名品と学祖の信念に触れる

館名の「香雪」は、女子教育の先駆者として名高い、学祖・下田歌子の号に由来する。開館以来、女性が描いた作品の収集・研究に取り組み、徳山玉瀾、江馬細香、張紅蘭、野口小蘋、奥原晴湖、河邊青蘭など、近世から近代を中心に女性画家たちの生き方や社会的・文化的な活動の検証を行っている。また、下田歌子記念室を併設し、宮中等から拝領した美術工芸品や愛用の机などゆかりの品々を展示。

住所：東京都渋谷区東1-1-49　実践女子大学渋谷キャンパス内　電話：03-6450-6817（代表）
開館時間：10：30～17：00　休館日：土・日曜日・祝日、大学休業期間、展示替期間　入館料：無料　HP：https://www.jissen.ac.jp/kosetsu/
アクセス：JR／東京メトロ／東急／京王線　渋谷駅東口より徒歩約10分　東京メトロ　表参道駅B1出口より徒歩約12分

文 Jissen Women's University 076

実践女子大学
向田邦子文庫展示室

素晴らしいドラマとエッセイは時代を超えて輝き続ける

数々の心に残るドラマの脚本と見事なエッセイを生み出し、直木賞受賞作家としても知られる向田邦子は実践女子専門学校出身（1950年卒）。多才な彼女の業績を伝える施設として旧蔵書を中心に自筆原稿や原稿を執筆した机と椅子、愛用の万年筆などを清々しい空間構成で展示。未使用の原稿用紙を見ると世に出なかった作品のことが思われ、昭和を代表する才能へのリスペクトがこみ上げてくる。

住所：東京都渋谷区東1-1-49　実践女子大学渋谷キャンパス内
電話：03-6450-6817（代表）
入館料：無料
開館日時等はHPまで
HP：https://www.jissen.ac.jp/library/info_collection/book_collection/index.html
アクセス：JR／東京メトロ／東急／京王線　渋谷駅東口より徒歩約10分　東京メトロ　表参道駅B1出口より徒歩約12分

理 文

Mizuta Museum of Art, Josai University

077

城西大学 水田美術館

浮世絵の魅力を発信し 学内外に開かれた施設を目指す

城西大学の創立者で政治家として大蔵大臣を数度に渡り務めた水田三喜男が生前蒐集した浮世絵を中心とした２００点余りからなる水田コレクションを所蔵し、なかには９点の東洲斎写楽作品が含まれている。美術館は１９７９年図書館棟に開設され、大学創立45周年記念事業の一環として２０１１年図書館棟から独立して新たに開館。コレクション公開を中心とした展覧会や各種イベントを毎年度開催している。

住所：埼玉県坂戸市けやき台1-1　電話：049-271-7327　開館時間：9:30〜16:30　休館日：土・日・祝、本学が定めた休日、展示替え期間のほか臨時に休館する事があります。展覧会、大学行事の関係で土日に開館する場合があります。　入館料：無料

HP：https://www.josai.ac.jp/museum/

アクセス：東武東上線坂戸駅より東武越生線に乗り換えて川角駅下車、踏切を渡り徒歩約10分。

理 文

Mizuta Museum of Art, Josai International University

078

城西国際大学 水田美術館

さまざまな企画を通して 大学と地域を繋げていく

２００１年に城西国際大学開学10周年を記念して図書館１階にて開館。学校法人城西大学の創立者である水田三喜男の浮世絵を中心とするコレクションと房総の風景や房総ゆかりの物語が描かれた浮世絵や近代木版画を収蔵している。浮世絵や大学、地域に縁の深いテーマによる展覧会と、その関連企画として講演会、ギャラリートークなどを開催。学生たちの学びの場であるとともに、地域にも開かれている。

住所：千葉県東金市求名1番地

電話：0475-53-2562

開館時間：10:00〜16:00　展覧会の開催期間のみ開館しています。HPの展覧会ページでご確認ください。

入館料：展覧会によって異なります。

HP：https://www.jiu.ac.jp/museum/

アクセス：JR求名駅徒歩5分

学内駐車場をご利用いただけます。

理 文 Showa Women's University 079

昭和女子大学 光葉博物館

貴重な資料や卒業制作など さまざまな展覧会が楽しめる

平成６年の開館から、幅広いテーマで行われる特別展や収蔵資料展、卒業研究展など年間６～７回の展覧会を開催し、地域で親しまれている。これらの中には学生のプロジェクトにちなむ展示も含まれている。展覧会で紹介されて人気のある日本の郷土玩具や、世界の民族資料である多様な仮面、約１９００点の世界各地のベルなどユニークな資料を収蔵している。

住所：東京都世田谷区太子堂1-7-57　電話：03-3411-5099　入館料：無料　開館日時等はHPまで
HP：https://museum.swu.ac.jp
アクセス：電車／東急田園都市線・世田谷線三軒茶屋駅下車　徒歩約8分　バス／渋谷駅西口バスターミナルから下記方面ゆきを利用し「昭和女子大」下車（上町、等々力、田園調布駅、弦巻営業所、二子玉川駅、成城学園前駅、祖師ヶ谷大蔵駅行きなど）

理 文 Sugino Fashion College 080

杉野学園 衣裳博物館

1926年の開校から続く 服飾研究の貴重な資料を学ぶ

ＪＲ目黒駅から程近いドレメ通りとして有名な杉野学園にある日本で最初の服飾専門の博物館。学園の創立者である杉野芳子の作品の他、民族衣装や西洋・日本の歴史的衣装、ファッション・スタイル画などを収蔵・展示。日本マネキンの歴史上貴重な１９５０年代の楮製紙製マネキンも収蔵。初代理事長で建築家の杉野繁一が博物館や校舎などを設計し、キャンパスの風雅な雰囲気を生み出している。

住所：東京都品川区上大崎4-6-19　電話：03-6910-4413　開館時間：10：00～16：00
休館日：日曜、祝日、大学の定める休館日（土曜はHP要確認）　入館料：有料（一般300円、高校生250円、小・中学生200円）
HP：https://www.costumemuseum.jp/
アクセス：JR山手線、東京メトロ南北線、都営地下鉄三田線、東急目黒線目黒駅徒歩7分

理　文　Seijo University　081

成城大学民俗学研究所

「柳田文庫」の継承と活用

日本民俗学の創始者である柳田國男の約3万7千冊の旧蔵書を含む約12万冊の蔵書（雑誌含む）と郷土玩具、写真等の貴重な資料を収蔵する。成城学園と関係が深かった柳田の遺言により寄贈された旧蔵書や民俗学史に関する「柳田文庫」は閉架管理されているが、学外の研究者も事前に申請することで閲覧が可能。展示ホールで折々に行われる、柳田や郷土玩具を題材にした特別展は一般公開されている。

住所：東京都世田谷区成城6-1-20　電話：03-3482-9098　図書利用希望の場合は事前問い合わせを　開館時間：月～金曜9:00～16:30、土曜9:00～12:30（12:30～13:30閉室）　休館日：日曜、祝日、年末年始、その他大学休校日、夏期休暇期間（臨時開館日を除く）　入館料：無料

HP：http://www.seijo.ac.jp/research/minken/riyou.html

アクセス：小田急小田原線成城学園前駅徒歩4分

理　文　Takushoku University　082

拓殖大学恩賜記念館

大学HPの拓大トリビアのエピソードを読むと倍楽しい

八王子国際キャンパスで堂々たる風格を見せる恩賜記念館は昭和40年まで文京キャンパスにあった恩賜記念講堂の正面を大学創立百周年を記念して平成12年に復元。創立者・桂太郎公の銅像も威風がある。館内の歴史資料室には桂太郎公や歴代総長・学監である新渡戸稲造、後藤新平、俳人永田青嵐としても知られる永田秀次郎ら大学ゆかりの人物の資料を展示。明治政財界の名士たちによる「偕楽帖」は貴重な一品。

住所：東京都八王子市館町815-1
電話：042-665-1443（八王子総務課）
開館時間：10:00～16:30
休館日：土曜日、日曜祝日、長期休暇中　入館料：無料
HP：https://historium.takushoku-u.ac.jp/

住所：東京都板橋区高島平1−9−1 大東文化大学板橋キャンパス2号館1階　電話：03-5399-7646
開館時間：9時〜17時　休館日：土日祝日および大学休校日に準じて閉室。入学試験期間や展示準備期間などにより開室日が変更になる場合あり。 入館料：無料　HP：https://www.daito.ac.jp/100th/
アクセス：東武東上線「東武練馬駅」から大東文化会館スクールバス停まで徒歩約1分、スクールバス乗車約7分　都営三田線「西台駅」より徒歩約9分

理 文　Daito Bunka University　083

大東文化大学
大東文化歴史資料館展示室

百周年を迎える学園の伝統と歴史を伝える

大東文化大学は１９２３年９月20日、関東大震災後の大混乱の中で創設された大東文化学院を前身とし、２０２３年に百周年を迎える。歴史資料館（大東アーカイブス）は学園、関係校の歴史の調査研究、膨大な資料の整備保存の為に発足し、その研究成果は板橋キャンパスの展示室で順次公開されている。主要な企画展テーマは大東文化ゆかりの著名人や建学理念であった「漢学振興」に関連するものである。

住所：東京都板橋区高島平1-9-1
電話：03-5399-7345
入館料：無料　開館日時等はHPまで
HP：https://www.daito.ac.jp/
アクセス：・東武練馬（大東文化大学前）駅北口、東口下車　無料スクールバスで約7分（スクールバス乗り場まで徒歩5分）　・西台駅西口下車　徒歩9分

理 文　Daito Bunka University　084

大東文化大学
板橋ギャラリー

全国書道展や書道講座を開催“書の大東”を支える研究所

昭和44年に青山杉雨教授のもと大東文化大学書道文化センターが開設され、その後書道研究所へと発展し書文化の普及と発展に貢献している。大学史に登場する書道担当教員は書の歴史に輝く書家たちであり、研究所が所蔵する書道作品の名品はギャラリーで公開されることがあるので機会があればぜひ見てみたい。ギャラリーは学生団体や教職員の研鑽が発表され、近現代の書家の作品展も開かれる。

東京大学 大学院総合文化研究科・教養学部 駒場博物館

歴史あるキャンパスの中で 印象深い展覧会に出合う

文系と理系の垣根を越えた多様な展覧会を開催する駒場博物館の特徴的な建物は、教養学部の前身である旧制第一高等学校の図書館として建てられたもので、開館当初から度々取り上げられる第一高等学校関連の展覧会の場として実に相応しい。博物館のシンボルとして有名な１９８０年に完成したマルセル・デュシャンの通称「大ガラス」東京ヴァージョンは今もここで刺激的な輝きを放っている。

住所:東京都目黒区駒場3-8-1　東京大学　大学院総合文化研究科・教養学部　駒場博物館
mail: komabamuseum@museum.c.u-tokyo.ac.jp
開館時間：10：00-17：00
休館日：火曜日（特別展開催時）
入館料：無料
HP：http://museum.c.u-tokyo.ac.jp/index.html
アクセス：京王井の頭線　駒場等大前駅下車　徒歩3分

東京家政学院 生活文化博物館

染織品から料理標本まで 衣食住に関する展示が好評

１９２３年に創立者・大江スミが開設した家政研究所をルーツとする東京家政学院は２０２３年に創立１００周年を迎える。博物館は東京家政学院大学町田キャンパスにあり、生活文化研究の歴史において本物に学ぶための仕事着や民族衣装など衣服類、装身具類、漆器やガラス器など工芸品類ほかの資料を収蔵する。特別展や収蔵品展に加えて学生成果展や教員研究成果展で大学の進行形の成果を発信している。

住所：東京都町田市相原町2600　電話：042-782-9814（直通）　開館時間：9:00〜16:30　休館日：土日祝、創立記念日（5月21日）、大学が定める日　入館料：無料　HP：https://www.kasei-gakuin.ac.jp/campuslife/museum/　アクセス：JR横浜線相原駅下車、バス「相原駅西口（のりば2番）」から「東京家政学院」行乗車、約8分　バス「相原駅西口（のりば1番）」から「大戸」行または「法政大学」行※で「相原十字路」下車、徒歩約10分　※急行を除く

理 文

Tokyo Polytechnic University 087

東京工芸大学芸術学部 写大ギャラリー

写真の表現の凄さを伝える オリジナル・プリントの魅力

東京工芸大学（当時：東京写真短期大学）を卒業後、１９７５年に母校の教授に就任した写真家・細江英公は写真教育のためにオリジナル・プリントを収集・展示する施設の設置を提案し、同年に写大ギャラリーが開設された。１万２千点を超えるオリジナル・プリントを所蔵するギャラリーには土門拳、森山大道、ウィン・バロック、ロベール・ドアノーら多くの著名な写真家の作品があり、ギャラリーの企画展等で一般公開される。

住所：東京都中野区本町2-4-7 5号館　2F
電話：03-5371-2694
開館時間：10:00〜19:00（展覧会会期中のみ）
休館日：木曜日、日曜日、祝日
入館料：無料
HP：http://www.shadai.t-kougei.ac.jp
アクセス：地下鉄丸ノ内線／大江戸線　中野坂上駅下車1番出口・徒歩7分

理 文

Tokyo Zokei University 088

東京造形大学附属美術館 ZOKEIギャラリー CSギャラリー

新しいアートとの出会いがある 自然の中のスマートな美術館

東京造形大学の美術館は附属美術館と２つのギャラリーの３館で構成され、教員や大学院生、学生の研究成果を発信する拠点として展示・発表が行われている。助手展や学生の卒業制作展など最新の創造性あふれる展覧会は、見たことのない表現に触れる絶好の機会となる。附属美術館は白井晟一の設計原案による建築。起伏を生かした八王子キャンパスは磯崎新の設計で、美大らしいユニークな雰囲気だ。

住所：東京都八王子市宇津貫町1556　電話：042-637-8111（代）　開館時間：10：00−16：30（入館は16：00まで）　休館日：日曜・祝日・大学が定める日　入館料：無料
HP：https://www.zokei.ac.jp/museum/
アクセス：JR横浜線 相原駅よりスクールバス5分（徒歩15分）※当館には駐車場がありませんので、公共交通機関をご利用ください。

理 文

Toyo University 089

東洋大学 井上円了記念博物館

独自の哲学から生まれた大学の原点を深く学ぶ

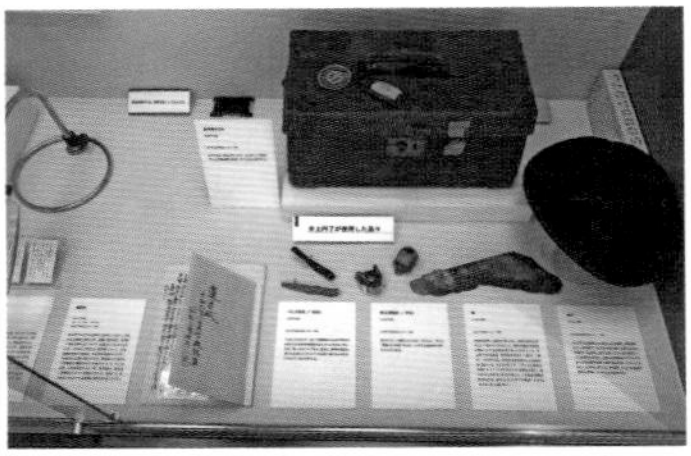

明治期を代表する哲学者・井上円了の「諸学の基礎は哲学にあり」という教育理念から創立された哲学館が東洋大学の前身校。館内の常設展示では多彩な分野にわたる円了の著作とゆかりの品とともに有名な妖怪学研究や全国を行脚した講演活動など情熱溢れる生涯と教育活動を紹介。明治から現代にいたる東洋大学の歴史の紹介と大学総長をつとめた塩川正十郎を顕彰する展示が近年増設されている。

住所：東京都文京区白山5-28-20
電話：03-3945-4026（井上円了哲学センター事務室）　入館料：無料　開館日時等はHPまで
HP：https://www.toyo.ac.jp/about/founder/iecp/museum/
アクセス：都営地下鉄白山駅徒歩5分　東京メトロ本駒込駅徒歩5分、千石駅徒歩8分

理 文

Toyo Gakuen University 090

東洋学園大学 東洋学園史料室

学園史から見えてくる近現代の日本の歴史

東洋学園大学の巨大な陶片壁画「フェニックス・モザイク」は建築家・今井兼次のデザインで地域のランドマークとして今も健在。限られたスペースを活かした展示室は創立者の宇田尚や後継者で外相、蔵相を歴任した愛知揆一らの紹介から大正期設立の旧制・東洋女子歯科医学専門学校、占領期の特設旧制東洋学校、新制・東洋女子短期大学、そして今日の大学までの歴史を多様な資料によって展示している。

住所：東京都文京区本郷1-26-3　電話：03-3811-1696（代）／03-3811-2840（直）　開館時間：10：00〜16：30（平日）　休館日：土日祝、大学の定める年末年始・夏季休業日　入館料：無料
HP：https://www.tyg.jp/archives/
アクセス：JR総武・中央緩行線・都営三田線水道橋駅より徒歩7分　東京メトロ丸ノ内線・都営大江戸線本郷三丁目駅より徒歩5分　丸ノ内線・南北線後楽園駅／大江戸線春日駅より徒歩7分

住所：埼玉県草加市学園町1-1 獨協大学天野貞祐記念館1階　電話：048-946-2800（獨協学園史資料センター事務室）　開館時間：10:00-16:45　休館日：土・日・祝日・入試期間中及び休校日に準じて休館　入館料：無料
HP：https://www.dac.ac.jp/gallery/
アクセス：東京メトロ日比谷線・半蔵門線直通東武スカイツリーライン獨協大学前駅西口から徒歩5分

理　文　Dokkyo University　091

獨協学園史資料センター 獨協歴史ギャラリー

わかりやすい展示を通して学園の歴史をじっくり学ぶ

獨協学園のルーツはドイツ学術の啓蒙団体である獨逸学協会が1883年に創立した獨逸学協会学校。ギャラリーには歴史資料による学園史の紹介やカントの翻訳で知られる独哲学者で文部大臣をつとめ戦後の学園復興に貢献した天野貞祐に関する展示などがあり、復元された天野貞祐の書斎の質朴さは印象深い。西周が1874年に初めてフィロソフィーを「哲学」と訳出した『百一新論』は貴重な資料。

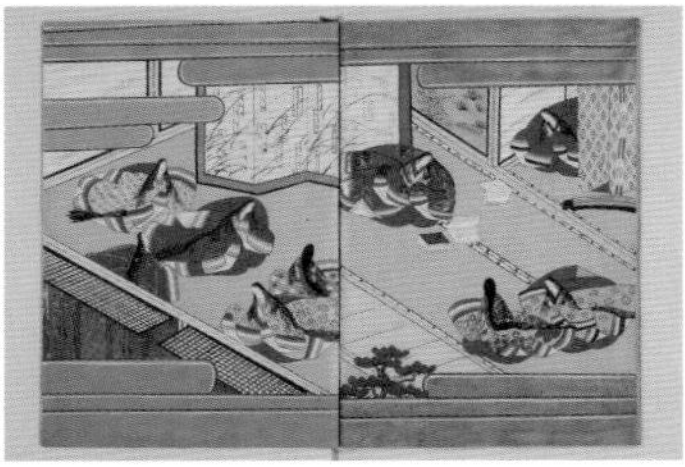

二松学舎大学所蔵

住所：東京都千代田区三番町6－16　電話：03-3263-6364　開館時間：10：00～16：00（企画展開催期間の月曜～土曜）　休館日：日曜・祝日　入館料：無料　HP：https://www.nishogakusha-u.ac.jp/library/index.html　アクセス：九段下駅（東京メトロ東西線・半蔵門線、都営地下鉄新宿線）2番出口より徒歩8分　半蔵門駅（東京メトロ半蔵門線）5番出口より徒歩10分

理　文　Nishogakusha University　092

二松学舎大学 大学資料展示室

146年の伝統の中で受け継がれる貴重な資料の数々

展示室のある九段1号館は、明治10（1877）年10月に漢学塾二松学舎が創立された由緒ある地に建つ。創立者・三島中洲は当時を代表する漢学者、法律家で、東宮時代から大正天皇の侍講を務めた。展示では学祖の生涯や、夏目漱石、嘉納治五郎ら、二松学舎で学んだ人々などをパネルで紹介。また、中洲や漱石、渋沢栄一など二松学舎ゆかりの人物の資料や、横溝正史旧蔵資料などの企画展も行っている。

法政大学
大原社会問題研究所
環境アーカイブズ

多様な研究調査のため
活用される貴重な資料群

社会労働問題の研究拠点として百年以上の歴史をもつ大原社会問題研究所に２０１３年に統合された環境アーカイブズは、環境問題、薬害、原発、市民活動等の資料を保存し、閲覧可能なものを希望するすべての方に公開。高度経済成長期に大きな被害を出した薬害スモンやサリドマイド事件の関係資料や多摩地域の市民活動を伝えるミニコミ誌、映像資料等を活用して新たな研究が進むことが期待される。

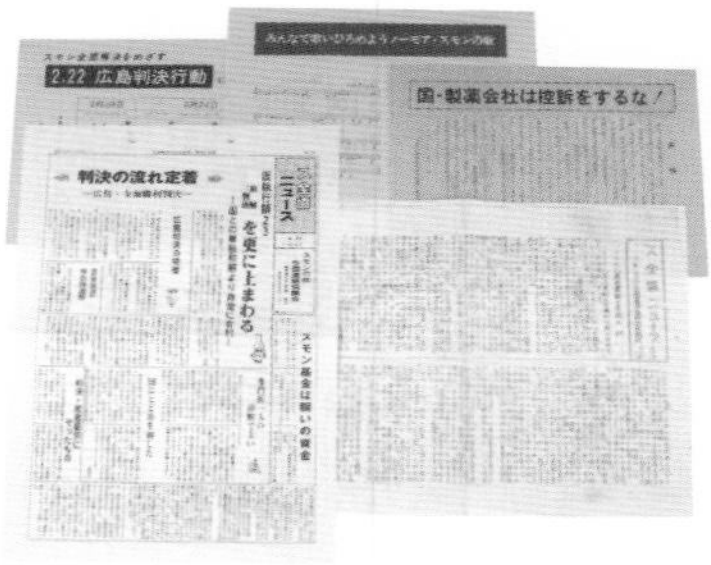

住所：東京都町田市相原町4342　法政大学多摩キャンパス総合棟5階　電話：042-783-2098　開館時間：月～金曜日9:00～16:30（11:30～12:30は閉室）　休館日：土曜、日曜、祝日、大学の定める休日　入館料：無料
HP：https://k-archives.ws.hosei.ac.jp/
アクセス：京王線「めじろ台駅」またはJR中央線「西八王子駅」より京王バス、JR横浜線「相原駅」より神奈川中央交通バスでいずれも「法政大学」で下車

武蔵学園記念室

学生たちを見守った大講堂で
建学の理想を新たに学ぶ

東武鉄道初代社長の根津嘉一郎が理想の教育のため私立初の七年制旧制高等学校として１９２２年に武蔵高等学校を創立し、戦後に武蔵大学・武蔵高等学校中学校へと発展。学園のシンボルである大講堂は１９２８年に建設され、その重厚な雰囲気からドラマや雑誌の撮影に度々登場。記念室は大講堂２階にあり創設時の理念を中心に現在までの学園史を紹介。戦時下の備品の防毒マスクなど貴重な展示がある。

住所：東京都練馬区豊玉上1-26-1　電話：03-5984-3748　開館時間：10時から16時　休館日：土曜日　日曜日　祝日　入館料：無料
HP https://www.musashigakuen.jp/ayumi/kinenshitsu/index.html https://100nenshi.musashi.jp/
アクセス：西武池袋線「江古田駅」南口より徒歩6分
都営大江戸線「新江古田駅」A2出口より徒歩7分
西武有楽町線「新桜台駅」2番出口より徒歩5分

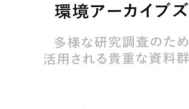

理 文 The Mejiro Gakuen Ruins 095

目白学園遺跡出土品資料室

足元に眠る古代史をわかりやすく展示

目白大学正門右側の佐藤重遠記念館1階にあり、新宿ミニ博物館に指定されている。縄文時代から奈良時代におよぶ複合集落遺跡である目白学園遺跡(落合遺跡)から発掘された深鉢形土器などの縄文土器や石斧など約50点を時代ごとに展示している。縄文時代には100軒ほどの大集落で、弥生・奈良時代に渡って遺跡があることから、この場所は古代からひとが住みやすい一等地であったことがわかる。

住所：東京都新宿区中落合4-31-1
電話：03-5996-3115(管理課)
開館時間：10:00～16:00
休館日：土曜、日曜、祝日、学園の夏・冬期休暇中、学内行事日
入館料：無料　開館スケジュールはHPをご確認ください
HP：https://www.mejiro.ac.jp/gakuen/iseki/
アクセス：西武新宿線・都営地下鉄中井駅徒歩8分　東京メトロ東西線落合駅徒歩12分

理 文 Wayo Women's University 096

和洋女子大学文化資料館

晴れた日の絶景と貴重な資料が見どころ

大学東館の17階にある資料館は「風と出合う」というコンセプトがぴったりの眺めのよい空間。ここでは学園史展示、常設展示、企画展示の3つの部門が設けられている。長い歴史のある和洋学園の所蔵する資料は、考古遺物、服飾、工芸・郷土玩具等で、キャンパスの発掘調査で出土した下総国府跡の国府台遺跡などの埋蔵文化財はとくに貴重なもの。収蔵品を活用した企画展を年に数回開催している。

住所：千葉県市川市国府台2-3-1
電話：047-371-2494(ダイヤルイン)
※開館日時等はHPをご確認ください
入館料：無料
HP：https://www.wayo.ac.jp(大学)
アクセス：JR市川駅からバス8分
京成電鉄 国府台駅から徒歩10分

Aoyama Gakuin 097

理 文

青山学院資料センター

活気あるキャンパスの中で 歴史と伝統を伝えていく

資料センターが置かれている間島記念館は１９２９年に図書館として建設されたコリント式の円柱が魅力的な歴史的建造物。青山キャンパスのほぼ中央にあり、学院の歴史と伝統を象徴する存在である。展示では日本におけるキリスト教禁止政策の資料や、外国人宣教師たちによる１８７４年の創立からの学院の歴史資料を紹介。震災や戦火を乗り越えてきた歴史を感じると共に、解説の英文併記からは英語教育の気概も伝わる。

住所：東京都渋谷区渋谷4-4-25（青山キャンパス間島記念館2階） 電話：03-3409-6742 展示ホール開館時間：月曜～金曜9:30～17:00（入館は16:30まで） 土曜9:30～13:00（入館は12:30まで） 休館日：日曜、祝日、年末年始、青山学院が定める休日 HPの開館カレンダーをご覧ください 入館料：無料
HP：https://www.aoyamagakuin.jp/history/mcenter/index.html
アクセス：JR山手線、東急線、京王井の頭線「渋谷駅」宮益坂方面の出口より徒歩約10分、地下鉄「表参道駅」B1出口より徒歩約5分

Ueno Gakuen 098

理 文

上野学園楽器展示室

クラシック音楽の魅力を 古楽器を通じて感じる空間

十七～十八世紀のヨーロッパ音楽を楽器の面から研究するために収集された上野学園古楽器コレクションを一般公開。近年その風雅な音色に惹かれるファンが増えた弦楽器ヴィオラ・ダ・ガンバの名品や初期の鍵盤楽器で世界に二十数台のみ現存というタンゲンテンフリューゲルなど貴重な古楽器が長い時を越え近い距離感で展示されている。この空間に身を置くと音楽会で本当の演奏を聴いてみたくなる。

住所：東京都台東区東上野4丁目24-12
電話：03-3842-1021
入館料：無料（事前予約）
開館日時等はHPまで
HP：https://www.uenogakuen.ac.jp/junior_college/campus/collection.html
アクセス：JR「上野」駅「入谷改札」より「入谷口」経由徒歩約9分 東京メトロ日比谷線・銀座線「上野」駅「1・2番出口」より徒歩約10分 京成線「京成上野」駅より徒歩16分

理 文 Atomi University 099

跡見学園女子大学 花蹊記念資料館

書画に秀でた学園創立者の素晴らしい作品に出会う

1875(明治8)年に跡見学校を創立し日本の女性教育の礎を築いた跡見花蹊。教育者としての業績も見事だが一流の日本画家であり書家であるという芸術家としての足跡も見逃せない。資料館は花蹊の日本画や書作品、跡見学園関連資料を収蔵。黒田清輝作《跡見花蹊肖像》は彼女の品格をよく伝える作品だ。新座キャンパスは桜が有名なので春の季節に資料館を訪れるのが楽しみというファンが多い。

住所：埼玉県新座市中野1-9-6
電話：048-478-0130
開館時間：10:00-16:00
休館日：土曜・日曜・祝日、展示替え期間、大学休業日
入館料：無料
HP：https://www.atomi.ac.jp/univ/museum/
アクセス：JR武蔵野線新座駅より大学バス約7分、東武東上線志木駅より西武バス約15分

理 文 Atomi University 100

跡見学園女子大学 旧伊勢屋質店（菊坂跡見塾）

一葉ゆかりの貴重な建物で明治の時代に想いを馳せる

明治期を代表する女流作家の樋口一葉が遺した日記に何度も登場する伊勢屋質店の建物を平成27年に跡見学園が取得。教育施設として活用し一般公開も行っている。当時の見世、土蔵、座敷が現存する文京区の指定有形文化財であり、都会の中で明治の面影を今なお偲ぶことができる。明治23年から26年まで3年間本郷菊坂の借家で暮らした一葉が苦しい時に駆け込んだ場所が今も残っていることが感慨深い。

住所：東京都文京区本郷5-9-4
電話：03-3941-7420
開館日：金曜・土曜・日曜（年間60日程度・公開日程はHPを参照）
開館時間：12:00-16:00（最終入場は15:30）
入館料：無料
HP：https://www.atomi.ac.jp/univ/about/campus/iseya/
アクセス：都営大江戸線・三田線春日駅より徒歩約5分、東京メトロ丸ノ内線・南北線後楽園駅より徒歩約7分、丸ノ内線・大江戸線本郷三丁目駅より徒歩約7分

理 文

Kyoritsu Women's University 101

共立女子大学博物館

美が語りかける 和と洋が出会う博物館

共立女子学園創立１３０周年記念として２０１６年に開館し、今でも多くの展覧会に貸し出されているコレクションを公開している。江戸から昭和初期の女性の小袖・着物類、帯などの日本の染織・服飾資料が充実し、展示されたときの人気が高い。近代ヨーロッパの服飾類やアール・ヌーヴォーのガラス器などの資料をもとに、館内の限られた空間を活かし、さらに存在感が増すような展示構成がいつも見事。

住所：東京都千代田区一ツ橋2-6-1　2号館B1F　電話：03-3237-2665　開館時間：平日10:00～17:00 土曜10:00～13:00　休館日：日曜　※休館日、開館時間が変更になる場合があるので詳しくは当館ウェブサイトまで。　入館料：無料　HP：http://www.kyoritsu-wu.ac.jp/muse/　アクセス：・東京メトロ半蔵門線・都営地下鉄三田線・新宿線「神保町」駅下車A8出口から徒歩1分　・東京メトロ東西線「竹橋」駅下車1b出口から徒歩3分

理 文

Tama Art University 102

多摩美術大学 アートテークギャラリー

さまざまな新しいアートに キャンパスの中で遭遇する

八王子キャンパスのアートテーク１・２階のギャラリーは、内外から鑑賞可能なガラス張りの部屋や約９メートルの天井高がある部屋など、異なる特徴をもった複数の展示空間で構成されている。平面、立体、映像、インスタレーションなど多彩な展示が行われ、学生だけでなく一般の方も鑑賞可能。また、六本木・東京ミッドタウン内の「多摩美術大学 ＴＵＢ」では、デザインとアートを社会実装するための活動や発表を行っている。

住所：東京都八王子市鑓水2-1723
電話：042-676-8611（代）
入館料：無料
開催情報等はHPまで
HP：https://www.tamabi.ac.jp/index_j.html
アクセス：JR横浜線・京王相模原線橋本駅北口から神奈川中央交通バス約8分、JR八王子駅南口から京王バス約20分

理 文 Kokushikan University 103

国士舘史資料室

懐かしい写真とともに 学生たちのあゆみを知る

国士舘は１９１７年に26歳の柴田徳次郎により創立、１９１９年に世田谷の松陰神社に隣接する現在地に移転、時代を経て地域に開かれた大学に発展した。資料室は大学アーカイブズとして展示室での資料公開も行う。和の雰囲気が印象的な展示室では、建学の理念を伝える資料や、創立者をはじめ卒業生ゆかりの資料を公開。特に地域への貢献を示す松陰神社や国士舘商業学校関連の展示資料も興味深い。

住所：東京都世田谷区若林4-31-10 柴田会館4階　電話：03-3418-2691
開館時間：月曜日～土曜日　10：00～16：00　休館日：日曜祝日、本学の定める休業日（臨時休館等はHPをご確認ください）　入館料：無料
HP：https://www.kokushikan.ac.jp/research/archive/
アクセス：小田急線「梅ヶ丘」駅徒歩9分／東急世田谷線「松陰神社前」駅徒歩6分

理 文 Kokushikan University 104

国士舘大講堂（国登録有形文化財）

大震災や戦災をのりこえた キャンパスのシンボルは不滅

世田谷キャンパスに創立期から１００余年を経て現存する大講堂は和風の木造建築。１９１９年の完成以来教場に、また講演会や式典の場として大切にされてきた。初期の姿を留める木造校舎は都内でも希少な存在で、２０１７年に国の登録有形文化財となる。今日では文化財公開イベントや大学発の展示会等で一般公開される。大きな丸柱と折上格天井からなる１０８畳敷の見事な大空間は、一見の価値がある。

住所：東京都世田谷区世田谷4-28-1 世田谷キャンパス内　電話：03-3418-2691（国士舘史資料室）
入館料：無料　開館日時等はHPまで
HP：https://www.kokushikan.ac.jp/research/archive/
アクセス：小田急線「梅ヶ丘」駅徒歩9分／東急世田谷線「松陰神社前」駅徒歩6分

2016年度企画展＿千葉勉と音声学実験室

1930年学内競漕大会

理　文

Tokyo University of Foreign Studies　105

東京外国語大学文書館附属図書館1階ギャラリー

2023年は建学150周年
新たな資料の評価に挑む

東京外国語大学は１８５７年に幕府が開校した蕃書調所を起源とし、その後１８７３年に設立された東京外国語学校を前身として２０２３年に建学１５０周年を迎える。２０１２年に発足した文書館は大学史に関する資料の収集や保存、調査や研究等を行い、図書館１階ギャラリーでは東大や一橋も絡む外大の複雑な歴史を解説する展示パネルを常設し、様々な角度から大学史に光を当てる企画展を開催する。

住所：東京都府中市朝日町3-11-1　電話：042-330-5842　開館時間：10:00-12:00、13:00-16:00　※展示場（附属図書館1階ギャラリー）は附属図書館の開館時間による。 休館日：土・日・祝日、12月28日から翌年の1月3日まで　入館料：無料　HP：http://www.tufs.ac.jp/common/archives/　アクセス：JR中央線「武蔵境」駅のりかえ西武多摩川線「多磨」駅下車　徒歩5分、京王電鉄「飛田給」駅北口より多磨駅行き京王バスにて約10分　「東京外国語大学前」下車

理　文

Tokyo Gakugei University　106

東京学芸大学大学史資料室

大学アーカイブズで学ぶ
資料と記憶の学校史

１８７３年に設置された東京府小学教則講習所をルーツとし、戦後複数の師範学校を統合する形でスタートした学芸大の歴史や教育・研究活動等に関する資料の収集・保存・閲覧・調査研究等を行う。常設展示では資料室所蔵の歴史資料や写真等を期間毎にテーマを更新して紹介。学芸大及び師範学校の歴史や所蔵資料についての論考、資料室の活動紹介などを掲載した『大学史資料室報』をウェブで公開中。

住所：東京都小金井市貫井北町4-1-1 東京学芸大学附属図書館3階　電話：042-329-7277　開館時間：［平日］10:00〜16:00　休館日：土日祝日、年末年始、大学の休業日、附属図書館休館日等　入館料：無料　HP：https://www.u-gakugei.ac.jp/shiryoshitsu/
アクセス：JR武蔵小金井駅北口より【京王バス】「小平団地」行に乗車、約10分。「学芸大正門」下車
JR国分寺駅北口より【徒歩】約20分【銀河鉄道バス】「小平駅南口」行に乗車、約10分。「学芸大学」下車

東洋英和女学院史料室 学院資料・村岡花子文庫 展示コーナー

1884年東洋英和創立時の 麻布鳥居坂の記憶を訪ねる

学院資料を用いた校史の調査・研究や「赤毛のアン」の翻訳で著名な卒業生・村岡花子に関する常設展と、毎回興味深い企画展を行っている。雰囲気の良い、控えめなスペースを上手に活用した展示が見事で、創立者マーサ・J・カートメルが渡航時に使用したトランクや２０１５年に赤毛のアン記念館から移管後、再現された村岡花子の書斎の机が歴史の厚みを体現してタイムリープした気分になれる。

住所：東京都港区六本木5-14-40　東洋英和女学院　六本木校地　本部・大学院棟1階　電話：03-3583-3166　開館時間：9：00～20：00（土曜は～19：00）　休館日：日曜・祝日・夏期と冬期の長期休暇期間　入館料：無料　HP：https://www.toyoeiwa.ac.jp/archives/display/
アクセス：日比谷線「六本木駅」3番出口から徒歩7分。南北線「麻布十番駅」5a番出口から徒歩7分。都営大江戸線「麻布十番駅」7番出口から徒歩5分。

フェリス女学院 歴史資料館

キリスト教の信仰に基づき 横浜で花開いた女子教育の歴史

１８７０年、アメリカ人女性宣教師メアリー・E・キダーが創立したフェリス女学院のあゆみを伝えるため２０２０年に開館。横浜という日本の近代化の原点の地で発展したフェリスの特色がよく伝わる。全国に先駆けて生徒の健康管理に取り組んだ事例や近年のアメリカ調査で再発見された貴重な創立期の写真、関東大震災で被災した生徒たちが綴った『大震火災遭難実記』など見ごたえのある展示となっている。

住所：神奈川県横浜市中区山手町68（150周年記念館1階）　電話：045-662-4411
開館時間：10：00～16：00　休館日：土曜日・日曜日・祝日・本学院休業期間　入館料：無料
HP：https://www.ferris.jp/history/siryo.html
アクセス：JR根岸線／京浜東北線石川町駅元町口徒歩約10分　みなとみらい線元町・中華街駅 5出口（元町口）徒歩約10分

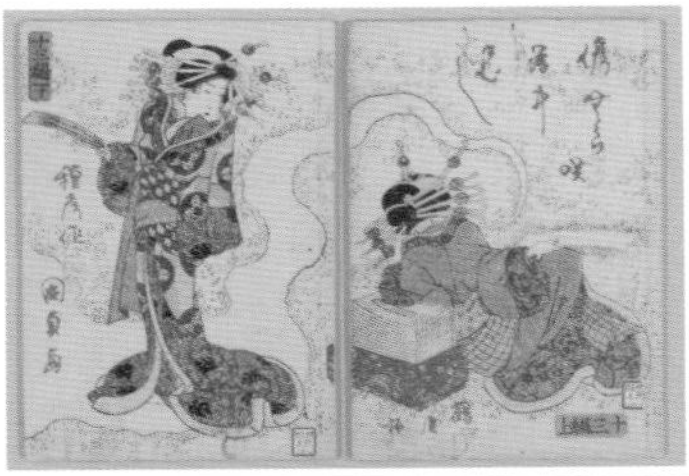

Rissho University 109

理 文

立正大学古書資料館

歴史を知る入口の 壮観な古書の存在感

歴史に関心を持つ若い世代が増える中で、貴重書として収蔵庫で保管されることが多い和古書を実際に手に取って閲覧できるという画期的なコンセプトの、開架中心の古書専門図書館。館内の壁面に広がる古書の存在感は正に圧巻。江戸時代の和古書の実物を自分の手で頁を繰りながら調べられるので、歴史が好きな方は新たな発見があるだろう。河口慧海文庫などの貴重な資料は館内でデータ閲覧が可能。

住所：東京都品川区大崎4-2-16（立正大学品川キャンパス8号館 地下1階） 電話：03-3492-6615（代表） 開館時間：10：00～17：00 休館日：日曜・国民の祝日・年末年始・その他学園行事日など 入館料：無料 HP：https://www.ris.ac.jp/library/kosho/index.html
アクセス：大崎駅、五反田駅から徒歩5分・大崎広小路駅から徒歩1分

Rissho University 110

理 文

立正大学 ロータスギャラリー

大学のむかしといまを 気軽に学べる空間

立正大学品川キャンパスはエッシャーの絵画を立体化したようなユニークな都市型校舎。キャンパスの顔として誕生した13号館（150周年記念館）には1872年を開校の起点とする立正大学のあゆみを伝え、現在と未来について発信するロータスギャラリーがある。日蓮宗僧侶の家に生まれ、戦後学長をつとめた第55代首相・石橋湛山に関する史料などもクールな空間構成でスタイリッシュに展示している。

住所：東京都品川区大崎4-2-16（立正大学品川キャンパス13号館1階～地下2階） 電話：03-3492-2690 開館時間：10：30～16：30（入室は16：00まで） 休館日：土・日・月・国民の祝日・年末年始・その他学園行事日など 入館料：無料 HP：https://www.ris.ac.jp/lotusgallery/
アクセス：大崎駅、五反田駅から徒歩5分・大崎広小路駅から徒歩1分

Column 1

大学博物館で推しを極める

美術館や博物館を見に行くのが好きで、さまざまなジャンルの読書や、古書店やネットオークションで好きな本を集めるのが趣味という方は大学博物館めぐりときっと相性がいいと思う。慶應義塾大学アート・センターの企画展を見に行ったのは、今は存在しない富山県立近代美術館で瀧口修造のことを知ったことからだった。気になる存在となって以来、瀧口修造ゆかりの資料が彼の母校である慶應義塾大学にあることを情報として知っていたが、研究者ではない自分は見ることができないと思っていた。しかし慶應義塾大学で資料が公開されると知って、文字通り飛んで行ったのが最初だった。その展覧会は大規模なものではないが、明晰なテーマとスタイリッシュな展示を堪能することができて、本当に満足した。幸いなことに慶應義塾大学アート・センターではその後も瀧口修造関連の企画展が開催され、アート・センターからのメールマガジンのおかげで見逃すことなく毎回楽しませてもらっているので、いちファンとして深く感謝している。

ミステリや幻想小説のファンとして江戸川乱歩は大いなる偉人だ。そのため立教大学の旧江戸川乱歩邸を最初に訪れたときの感激は今も鮮明に記憶している。乱歩はエッセイの達人でもあるので、彼が戦時中に池袋の町会で活躍していた文章を反芻しながら乱歩邸を見るとさらに楽しくなった。2023年現在、建物の老朽化が深刻な問題となっているが、幸い立教大学は施設整備を計画中で、2024年を立教学院150周年と乱歩生誕130周年のメモリアルイヤーとして、乱歩邸を後世に伝えるための取組を進めている。立教大学大衆文化研究センターの公式サイトでその関連の「お知らせ」を読むと、自分のようないちファンも何かできることはないだろうかと思う。それに関する答えも、公式サイトの中にあるので、ぜひ探してほしい。2007年には横溝正史の自宅にあった資料と蔵書を二松学舎大学が購入したとニュースで知り、資料の一部が一般公開されるとのことで、大喜びで見に行った。その関連で2008年1月に二松学舎大学で行われた横溝正史の長男である横溝亮一氏の講演会に参加できた。今思い返しても素晴らしい雰囲気の講演会で、亮一氏が2015年に亡くなられたときは思わず哀悼の念が起きたことを記憶している。この他にも大学博物館で個人的な推しに出会ったり、未知の作家が推しになったりすることがある。そのときの心の動きを不思議なほど再現できるのが、とても嬉しい。

お花見からイルミネーション、銅像や名建築も大学にあり

大学のキャンパスという空間には、楽しめるものがいろいろある。代表的なものは、何といっても春のお花見だ。卒業・入学シーズンを鮮やかに彩る桜の木がたくさんあるキャンパスは実に絵になる。東京工業大学の大岡山キャンパスや跡見学園女子大学の新座キャンパス、国際基督教大学のキャンパスを桜の満開の時期に訪れたときは素晴らしかった。キャンパス内なので、ビールを飲んだりするわけではなく、シンプルに花見を楽しんだ。花の下を静かに歩く、という楽しさこそがお花見の本来の姿なのかもしれない。そして私は、キャンパス内にある大学の創立者や有名な先生の銅像を見るのが好きである。早稲田大学の早稲田キャンパスにある大隈重信像は早稲田の象徴といえる存在であり、彫刻家・朝倉文夫の代表作としてもよく知られている。東海大学湘南キャンパスにある、富永直樹が制作した創立者の松前重義の銅像は、初めて見たときの印象よりも時間が経つにつれて次第に風格が増してきて、銅像というものは風雨にさらされて変化していくのだと実感した。この銅像の近くにはアンデルセンの人魚像があるので、探してみると面白い。明治大学博物館が設置されている、駿河台キャンパスのアカデミーコモンの入口そばには創立者である岸本辰雄、宮城浩蔵、矢代操の肖像レリーフがある。受験生がこのレリーフに触ると合格するという都市伝説があったが、コロナ禍でもその伝説は生き延びたのだろうか。ミッション系の大学である明治学院大学や立教大学、青山学院大学のクリスマスツリーのイルミネーションは有名で、年中行事として楽しみにしている方が多い。キャンパス内にある重要文化財などの重厚な名建築が、雰囲気がさらに盛り上げていることもあるが、大学には歴史的建造物だけでなく、現代の建築家による新しい名建築もたくさんある。いろいろな時代のものが混在して一体となっているのも大学の特色で、この不思議な建物は誰が設計したのだろう、と気になったらぜひ検索してほしい。また、パイプオルガンを設置している大学がいくつもあり、一般向けのコンサートが開催されることがあり、これはなかなか人気があるようだ。各音楽大学による学生が出演する演奏会には手軽な価格で楽しめるものもある。美大生の集大成である五美大展など、芸術・デザイン系の学生による卒業制作展はまさに一期一会の空間だ。一度見たら、また翌年も見に行きたくなって、それ以来ずっと楽しみにしている。大学のキャンパスは常に変わり続けるので、私の楽しみも次々に増えていくようだ。

Column III

大学博物館が集中している街、市ヶ谷

中央線の市ヶ谷駅で降りて、靖国通に立つと私の足は大学博物館へと向かう。このエリアは大学が数多く存在しているので、大学博物館も集中している。時間に余裕があると上野公園で美術館めぐりをする感覚に、運動を兼ねた街歩きを加味して、大学博物館をハシゴするのが面白い。2009年に『TOKYO大学博物館ガイド』を刊行した頃は市ヶ谷には大妻女子大学博物館（当時は大妻女子大学生活科学資料館という館名）、東京理科大学近代科学資料館、二松学舎大学大学資料展示室があり、やがて城西大学水田記念博物館大石化石ギャラリー、共立女子大学博物館、法政大学のHOSEIミュージアムが開館した。コロナ禍以前はこれらの大学博物館をめぐって企画展を見るのが楽しみだった。長年通っていると、そろそろあの大学博物館の企画展や特別展のシーズンだとごく自然に思えるようになって、ウェブサイトを検索したり、各大学博物館でフライヤーが目に入るという感じで情報が集まる。大学博物館だけでなく法政大学での学芸員課程を受講した学生による展示や、二松学舎大学で見た、書を学ぶ学生の卒業制作展も楽しい思い出になっている。時には二松学舎大学の向かい側にあるイタリア文化会館でさまざまなイベントに出会ったことも面白かった。大妻女子大学博物館で近代日本の女性史に関連する展示を見た後で、共立女子大学博物館にて鮮やかな服飾資料を見ると印象がさらに深まったものだ。或いは濠を越えて、東京理科大学近代科学資料館へ行き科学史に関連する展示を見ると、同じエリアの中での振れ幅がとても大きくて刺激的だった。ある時、市ヶ谷から城西大学水田記念博物館大石化石ギャラリーまでは案外近いのではないかと思い、歩いてみたところ、想像していたよりも早く到着したので驚いたことがあった。東京の中心部というエリアを歩くこと自体が、ある種イベントのようになっていて、テンションが上がるのかもしれない。その日見た化石ギャラリーの古代の魚たちはいつものように美しかった。またある時、市ヶ谷から曙橋へと歩いてセツ・モードセミナーのギャラリーを2017年の閉校の直前に見に行ったことがある。長沢節は文化学院の先輩であり、セツ・モードセミナーの建物は文化学院の旧校舎にどこか雰囲気が似ていて、とても居心地の良い空間だった。各大学博物館は今もまだ感染症対策のために予約制であったり、開館日が流動的だったりするが、今後の展開が楽しみなHOSEIミュージアムもできたので、市ヶ谷に足を運ぶことが増えそうだ。

おわりに

２０１１年の東日本大震災の当日、私は『ＫＡＮＳＡＩ大学博物館ガイド』の制作のために奈良県の天理大学附属天理参考館を訪れていた。取材中、大学の方が走ってこられた。大地震が起きました、ご連絡される方がいたらすぐに、と言われた。当時は携帯電話に多くの動画が回ってくる時代ではなかった。その晩、京都の食堂のテレビ画面で見た津波の映像のことは忘れられない。その場にいた全員が無言だった。関西の大学博物館の方からは、自分たちは阪神・淡路大震災があったので、被災の痛みがよくわかります、とうかがった。

震災後、大学の設備の耐震対策が進んで、大学博物館もまたリニューアルされていった。そして２０２０年から世界を一変させたコロナ禍で、大学のキャンパスから学生の姿が消えて、大学博物館も厳しい状況となった。この期間に大学博物館ではネットでの発信力を強化したり、収蔵資料の整理や研究を進めるという活動をされて、博物館の存在を守られた。大学博物館ファンのひとりとして、いま各大学博物館を訪れるたびに深

く感謝している。それでもまだ、状況はどうなるかわからない面があるので、

1　大学によっては開館曜日や時間を明記できない場合がある。

2　開館日時が記してある場合も、念のため事前にホームページ等を確認する。

大学博物館に行ってみようかと思われたら、ぜひこの2点に留意していただき、せっかく行ったのにやってなかった、という残念なことがないようにと願っている。

今回も各大学・学校の皆様には本当にお世話になり、深く御礼を申し上げたい。特に今回は掲載のために画像をお借りしたので、そのために大変な手間をおかけした。内容確認のためにさらにご苦労をおかけしたことをお詫びしたい。

久しぶりとなる大学博物館書籍企画を立案してくれた担当編集者の荒木重光さん、見事なデザインで紙面を構成してくれた鈴木学さん、ありがとうございました。

大学博物館の魅力が大勢の方に伝わりますように！

大坪覚

な

は

ま

ら

わ

索引（五十音順）

Profile　著者

大坪覚　Ohtsubo Satoru

1967年富山県生まれ。龍谷大学文学部史学科国史学専攻、
文化学院創造表現科を卒業。
2009年に『TOKYO大学博物館ガイド』を刊行して以来
大学博物館ファンとして、大学博物館関連の発信を続けている。
2009年4月から2018年3月まで文化学院の文芸コースにて
講師を務めた。

東京のワクワクする大学博物館めぐり

2023年6月30日　初版 第1刷 発行
2023年11月1日　　　第2刷 発行

著者　大坪覚
デザイン　鈴木学（bellybutton Design Studio）
編集　荒木重光

executive producer　Blue Jay Way

発行者　住友千之
発行所　株式会社トゥーヴァージンズ
〒102-0073　東京都千代田区九段北4-1-3
電話：(03)5212-7442
FAX：(03)5212-7889
https://www.twovirgins.jp/

印刷所　音羽印刷株式会社

ISBN978-4-910352-70-1